「不安なのに
な〜んにも
してない」

女子のお金入門

ファイナンシャルプランナー
荒木千秋

講談社

はじめに

お金の話が苦手なあなたにこそ読んでほしい

この本は、

「お金の勉強は苦手」

「投資してみたいけど、こわそう」

「そもそも、忙しくて」

という理由から、お金のことをほったらかしにしてしまっているあなたに向けて、「勉強なし・リスクなし・忙しい人でもカンタンでむずかしくない」、私たちの味方になる〝お金の知識〟をまとめた一冊です。

現在、私は、FP（ファイナンシャルプランナー）として、お金に関するセミナーや執筆、個別相談などの仕事、また大学でＦＰや金融についての授業をしています。以前は10年間、メガバンクで働いていました。社会に出てから、ずーっとお金に関わって働いてきました。

お金の仕事を通じて実感していることは、〝どんな人にもお金の悩みがあること〟です。特に、20代後半～40代の女性たちから、

「いつまでに、いくら、お金を貯めておけば、安心して生活ができるのでしょうか？」

「お金が全然貯まらない。将来のための貯金ができないのですが、どうすればいいですか？」

と、「将来のお金の不安」を聞くことが少なくありません。

現代の日本で生きている女性たちは、「自分で働いて、経済的な力を手に入れたけれど、どう活かせばいいかわからない」と、現実に戸惑っているように感じています。

私がＦＰの仕事をしていると知ると、どんな人でも、申し訳なさそうにこう言います。

「お金の知識、大切ですよね……」。さらにこう続きます。

「でも、お金の勉強苦手なんで」
「でも、投資とかこわそうなんで」
「でも、忙しいから……」
だから、「お金を貯めたり、増やしたりする方法があるのは知っているけれど、私にはムリかな……」と。

そんなことは、ないんです。そんなあなたにもできる方法はあるんです。「勉強なし・リスクなし・カンタンでむずかしくない」方法です。

「それ、本当？」と思うかもしれませんが、「税金（節税）の仕組み」を使うことで将来のお金の不安をなくすことができるんです。

特に、これから紹介する「ふるさと納税」「個人型確定拠出年金（iDeCo）」「少額投資非課税制度（NISA）」の3つは、おトクや楽しみが〝今〟だけでなく、〝将来まで続く〟というすぐれもの。始めた人は、みなさん「やってよかった！」と笑顔です。

税金とか、節税とか、聞くだけでめまいがする……かもしれませんが（笑）、心配はいりません。本書は、「勉強苦手・こわそう・忙しい」という人でもOKな5つのステップで、カンタンに始められるようになっています。

国の制度を使って節税ができること、知っていますか？

どうして、「ふるさと納税」「iDeCo」「NISA」なのかというと、2つの理由があります。

まず1つめの理由は、この3つが、誰でもカンタンにできるようになっているから。なぜなら、国が私たちのためにつくってくれた制度だからです。そんないい制度、使わなきゃ損じゃないですか？

税金というと、むずかしそうなイメージを持っている人もいると思いますが、税金って悪者なんかじゃなくって、ちゃんと理解をしてあげれば、トクさせてくれる、頼りがいのあるすごいヤツなんですよ。

「初対面は嫌なヤツと思っていた男の子が、知っていくとなんかいい人で恋に落ちてしまう……」というドラマの王道設定に似ています。知らないで、誤解したままってもったいない。この本を読んだあとは、税金のことをもっと知りたくなるはずです。

これから本書で紹介する制度を利用するには、どこかの会社のサービスを利用することになるのですが、どの会社を選んでも国の制度なので根本的な内容は変わりません。

以前、私が担当していた資産家のお客さまから伺って、その後の私の指針になった言葉があります。

「国の制度を上手に利用すると、お金持ちになれる」

これは、やましい意味じゃなくって、「お金の情報を自分の生活に取り入れるといいことがある」ということ。情報を知っておくことの大切さをおっしゃっているんだと、ハッとしました。

銀行員だった私が、家族にも友達にも本音で勧められるもの

2つめの理由は、私が、建前ナシの本音で「イイ!」と思っている方法だから。お客さまにも友達にも家族にも「この方法を知っていれば、絶対トクするから!」と胸を張って言えます。

私が銀行でしていた仕事は、「金融サービスを利用して、お客さまの悩みを解決すること」でした。金融サービスは上手く使えば、お金が原因の悩みは大抵解決できるんです。

多くの人は、「金融ってワカラナイモノだから」と、それだけで遠ざけてしまっているけど、本当はそうじゃないんですよね。お金の知識と同様に、金融サービスといわれる金融商品、広い意味での税制とも上手につき合えば、私たちの味方になってくれるんです。

そんな便利なものの中でも、毎日の生活で続けやすいように、

・使いやすい
・わかりやすい

・始めやすい

に特化したものを本書では選びました。私が自分で描いたイラストや表も添えていますので、ぜひ参考にしてみてください！

未来のことってわからないから、誰しも実感がわかない。だからこそ、今のうちに貯金や資産運用を始めて、それを毎年積み重ねていくことが大切。

確実な積み重ねは、将来の数十万円、数百万円につながります。

もし、毎月1万円なら年間12万円。20年後には240万円。

未来のあなたへの大きなプレゼントになります。

もし、あなたがお金のことを知らないまま何もしていないなら、それはすっごくもったいない。早く気づいて、ぜひ、一歩踏み出してみてください。

あなたも、お金と仲良くなれますように♡

CONTENTS

第1章 ふるさと納税はマスト！

全国の美味しい名産品がもらえて、お金もおトク

第2章 今も！ 老後も！ 続けるだけでいいことがある iDeCoはおいしい！

第3章 忙しい女子が投資デビューするなら NISAを味方に！

第4章 ちょっとしたことの積み重ねが、大きな差に 毎日、お金が増えちゃう女に変わる！

・本書掲載の情報は2019年2月時点の制度に基づいており、変更になる場合があります。
・本書における情報は、あくまでも情報提供を目的としています。
・個別の商品やサービスについては、各機関に直接お問い合わせください。
・投資に当たっての判断は、ご自身でお願いします。本書の情報の利用によって何らかの損害が発生しても、著書および出版社は責任を負いかねます。

第1章

全国の美味しい名産品がもらえて、
お金もおトク

ふるさと納税は
マスト！

勉強しなくてＯＫ！　たった10分、お買い物気分でトクをする〝ふるさと納税〟

CASE 1
A子の場合

「お金のこと、そろそろ考えたほうがいいのかな？　でも、**勉強も数字も苦手**。仕事はがんばってるし、**プライベートはゆるっとしてる**のが最高のしあわせ！」

世の中に溢れているお金の情報は、「専門的な知識が必要？」とか、「ガリガリ勉強しなくちゃいけない？」とか、「血のにじむような（？）努力の末に身につくもの」というイメージがあるかもしれません。また、「失敗したらどうしよう……」と、始める前から不安になってしまう人もいるかもしれません。そんな、とにかく勉強したくないと思っている女子にオススメなのが、「ふるさと納税」。ふるさと納税は、「勉強」も「失敗の心配」もいらなくって、なおかつ楽しんでできるおトクな方法なんです！

DATA

A子 32歳・独身・一人暮らし・旅行会社勤務（事務）

年収：**400**万円

貯蓄：**350**万円

家賃：月**6**万円

CASE 1

プライベートはゆるっと生きる“お金の勉強ニガテ”女子

ふるさと納税がオススメ！

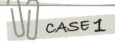

仕組み

ふるさと納税ってどんな制度なの？

誰でもできる、カンタンでおトクな税金の制度です

ふるさと納税とは、2008年にスタートした税金の制度です。「生まれ育ったふるさとに貢献できる制度」「自分の意思で応援したい自治体を選ぶことができる制度」として始まりました。「納税」とは言っていますが、実際は寄附。「自分が選んだ自治体に寄附をすると、おトクが待っているよ」というようなイメージです。ここで「税金の制度」と聞くだけでアレルギーの人がいるかもしれませんが、安心してください。この制度、スーパーマリオのステージ1くらいカンタンです。これから紹介するステップ1～5を実行しさえすれば、誰でも攻略できるようになっています。

ふるさと納税はざっくり言うと、寄附したお金の分だけ、支払うべき税金が安くなり

ふるさと納税の基本の仕組み

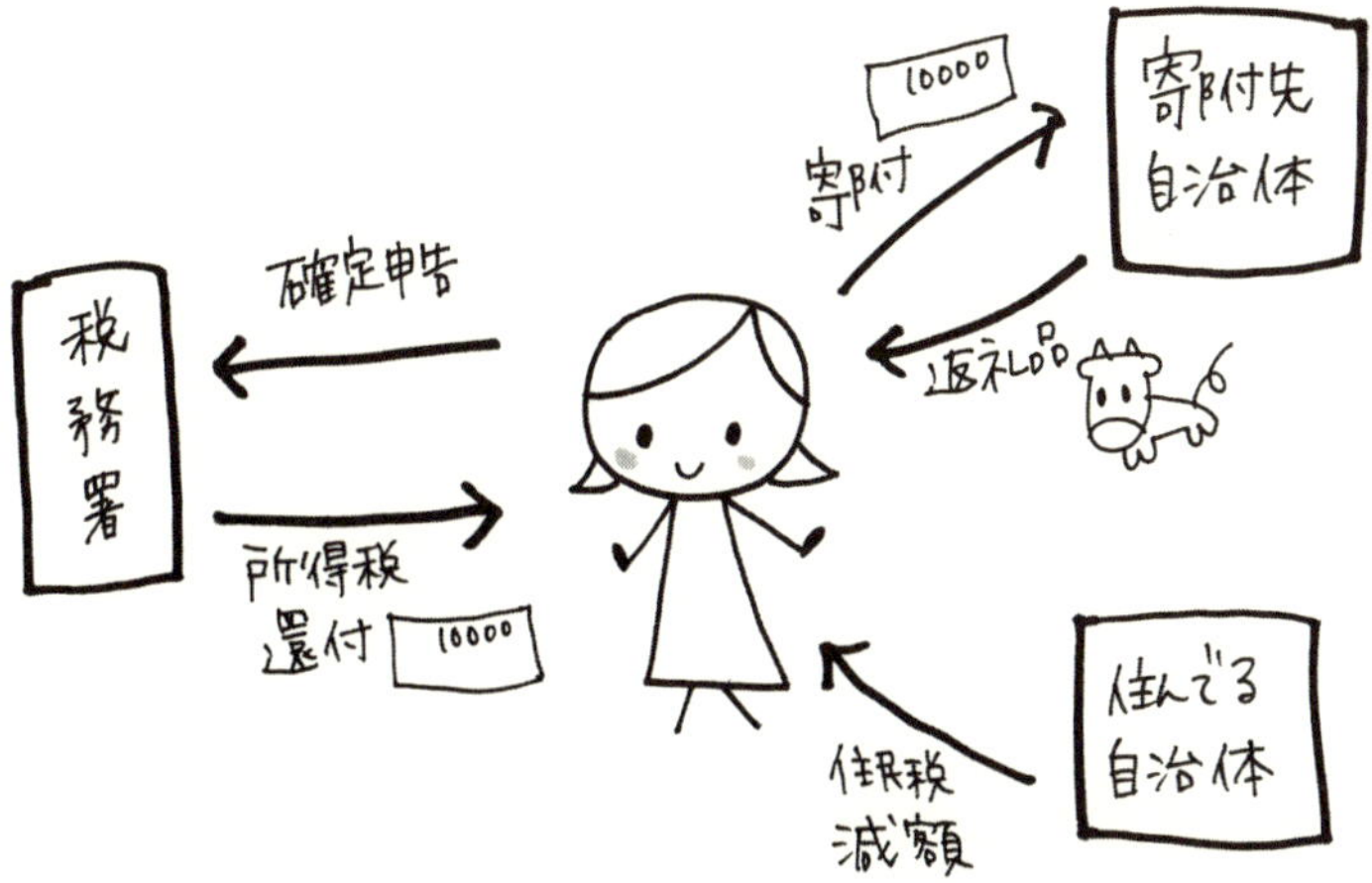

（だから寄附してもお金はほぼ減らない）、さらに、お返しの品として特産品を受け取ることができる仕組みです。最低自己負担として2000円は払いますが、お返しの品の価格を考えれば断然おトクなんです。

もう少し正確にお話しすると、寄附した金額に相当する額が、みなさんの「寄附した年の所得税」から戻ってきたり、「寄附した翌年の住民税」から減額されたりする仕組みになっています。地方自治体に寄附をすることで、**確定申告をすれば、寄附をした金額に応じて、寄附金控除（※）という仕組みが利用できます。**

※控除とはさし引くこと。寄附金控除は、寄附をした金

額や年収などから算出された金額が、支払わなければならない税金からさし引かれることをいいます。

先ほどのA子さんの場合、年収は400万円。仮に、A子さんが4万2000円を寄附すれば、ふるさと納税の最低自己負担額2000円を除いた4万円が、所得税と住民税から控除されます（P53で説明するワンストップ特例制度を使う場合は住民税減税のみ）。

さらに、寄附をした自治体からお礼の品が送られてきます。

たとえば、ふるさと納税で受け取った特産品を利用して、

「季節の野菜を使ったごはんを作っています」

「四万十川の近くで育った四万十ポークで鍋パーティーをしました！」

「伊勢市に寄附してもらった盛り塩セットでお部屋を浄化！」なんてことも。

つまり、**自己負担2000円で、自治体からのお礼の品（返礼品）を受け取ることができる**んです。

そんなふうに、ふるさと納税を活用してSNSにUPすれば、

「きちんとお金も管理して、そのうえ料理までこなしてる。しかも、盛り塩で日々の自分ケアもバッチリなんて。素敵〜、しっかりしてる〜、憧れる〜」と、普段の生活はさておき、しっかり者の私を演じることができるのです。

私は、心の底から「みんな、やってみたらどうかな?」と思うんですよね。ふるさと納税なら勉強をしなくても、物質的なおトクだけでなく「憧れの私」まで手に入れられるのです。

〝ふるさと〟とついているので、「私には、ふるさとがないから関係ない」と勘違いしている人もなかにはいるみたい。名前に〝ふるさと〟とはついていますが、この制度は自分の出身地以外にも寄附をしてもOK!

収入があって所得税を支払っていれば対象になるのがふるさと納税です。

女子的魅力

寄附して地方を応援、自分もハッピー！

ここからは、男子禁制！　女子にとっての、ふるさと納税をお話ししていきましょう。「ふるさと納税」の魅力は5つあります。

1 勉強いらずでカンタン！

勉強いらず、手間いらず。それが、毎日忙しい女子にとって最大の魅力です。ふるさと納税は税金の話なので、本当ならむずかしくてもおかしくはありません。ですが、このふるさと納税の仕組みはシンプルで、使い勝手もいい。私たちが使いやすいように、総務省や民間の企業がポータルサイト（ふるさと納税の入り口となるサイトのこと）を運営しているので、**パソコンやスマートフォンさえあれば、ほんの10分で手続きが完了するくらいのお手軽さ**です。勉強なしでできるため、勉強が苦手な人や、お金アレルギーのある人にも取り組みやすい制度になっています。

2 自己負担は2000円だけ！

ふるさと納税をすると、寄附した分のお金が戻ってきます。寄附をした金額から2000円を除いた全額が、所得税・住民税から控除されて戻ってくるのです。要するに、自己負担2000円だけでいろいろと特産品を手に入れられるなんて、おトクが好きな女子にぴったり！

3 ごほうびを手に入れることができる

私たち女子は基本的に、ごほうびがないと生きられない生き物。その「ごほうび制度」を、ふるさと納税でつくることができるんです。

寄附した自治体からのお礼の品（返礼品）の選択肢は、太平洋のように広い。**自分の好**

きなモノが選べますし、寄附した金額が大きくなればなるほど、選べる返礼品は豪華になっていきます。

アイスクリームが大好きな私は、「北海道のミルクが使用されているジェラートセット12個」が特産品の自治体に寄附をしています。そうすると、冷凍庫にはスーパーでは手に入らないようなアイスクリームがてんこ盛り!!

北海道の物産展に行かなくても、おいしいアイスが手に入ります。そのアイスクリームでひとりアイスパーティーをしたり、お風呂アイスしたりして、自分を甘やかしていきます。ほかにも、肉好きな女子なら和牛とウニで自宅でも〝うにく〟を楽しんで、自分をねぎらうとか……、楽しみ方も無限大!!

普段は「これ、やっちゃまずいかな……」と、自分の欲求に素直になれないことでも、ふるさと納税という大義名分を使って（総務省・自治体の方……すみません!!）、自分を甘えさせるのもアリでしょう。だって、私たち毎日がんばってる。たまには本能、解放しちゃいましょう。

4 家計に優しい

特産品は食べ物だけではありませんが、**食べ物を返礼品として選んだ場合、食費がかなり助かります。**

お米やビールなどは、食費としてかさばる品目の代表選手。ふるさと納税の返礼品として受け取れば、買い物に行く手間もはぶけて大助かりです。豚肉のような冷凍ができるモノだと、肉を買わずに1～2週間過ごすなんてこともできますよ。

私は、定期的に送られてくる野菜が返礼品になっている自治体のヘビー寄附者です。この返礼品を選ぶと、ブロッコリーやキャベツ、じゃがいも、さつまいもなどスタンダードな野菜から、みょうがや新たまねぎなどの季節の野菜も送られてきます。

なかには、自分では絶対に買わないような野菜が含まれていますが、腐らせてはもったいないので、「みょうが　調理方法」などすぐにグーグルさんに聞いて、料理にもチャレンジしています。このように、地域でとれた新鮮な食材を手に入れて、思わぬレパートリーを増やしたりすることもできるんです。また、寄附の金額が多いほどお礼の品が充実し、2000円でよりトクすることができるので、やらないより、やったほうがいいって思います。

おさいふに優しいだけではなく、買い物に行く時間も節約できるのは、とっても魅力的です。

5 自信をもった女性に近づく

どんな女性も年を重ねていくと、きゃぴきゃぴだけでは痛々しい。「わたし～、ふるさと納税とか、お金のむずかしいこと苦手で～。聞くだけで、頭がいたくなっちゃって」というようなことを言っていられたのは残念ながら過去の話……。

年を重ねるほどに、知性も品格も求められてくる。さらに、現代女性は、社会で働いて結果を出すことを求められていて、仕事に家事にとサバイバルの真っただ中。人生100年を自分で生き抜くことが求められているんです。

そんなサバイバルな現代を生き抜くのに武器になるのが「お金の知識」だと私は確信しています。その武器のひとつが、「ふるさと納税」。**ふるさと納税をきっかけにお金の知識が少しでも身につけば、自信をもった女性に近づけること間違いなし**です。……と、ちょっとおおげさかもしれませんが、ふるさと納税は〝自分2・0〟にバージョンUPさせるきっかけになるかもしれません。

ふるさと納税では、寄附する自治体も自分で決めることになります。さらに、自治体に寄附したお金は使い道を指定することができるんです。たとえば、「子育て支援に使ってもらいたい」とか、「観光事業に使ってもらいたい」とかの使い道を決めることになるので、とにかく返礼品がお目当てだったとしても、「このお金をどんなことに使ってほしいかな？」と、ちょっと税金の使い道を考えちゃうんです。まぁ、超冷淡・合理主義な人なら、選択ボックスの一番上の使い道を何も考えずにクリックとかしているかもしれないですが、ちょっとでも「どんなことに使ってほしいか？」と頭によぎった人は、考えます。だって、自分が働いて得たお金って無駄なことに使ってほしくないじゃないですか。絶対に有効に使ってもらいたい。そうやって使い道を考えだすと、**「自分のお金が地方や日本の役に立つんだな〜」とリアルに感じることができる**んですよね。

普通、私たちが納めている税金って使い道は指定できません。そのため「税金って無理やり払わされている……」というイメージを持っていたり、そもそも税金を支払っている感覚が薄かったりします。だけど、使い道を指定することで、自分の寄附したお金が有効に使ってもらえるように考えます。ふるさと納税を始めると、税金っていう仕組みをとっても身近に感じることができるようになりますよ。

女子的魅力まとめ

1. 勉強いらずでカンタン！
2. 自己負担は2000円だけ！
3. ごほうびを手に入れることができる
4. 家計に優しい
5. 自信をもった女性に近づく

目　的

ふるさと納税で人生を少し、でも確実に変える！

自分の人生に楽しみをプレゼントしよう

私は、ふるさと納税をすることは、お肌のお手入れをすることと似ていると思っています。毎日毎日のケアの積み重ねが、将来も美肌でいられるコツだってよく耳にしますよね。積み重ねが将来の自分に自信を与えてくれる。

ふるさと納税も似たところがあります。**毎年毎年積み重ねて寄附をし、返礼品や還付金（※）を受け取ることで、生涯を通じて豊かになれる。**未来の自分に自信をプレゼントできると思うのです。

※還付金とは、税金を納めすぎたり減税などがあった場合に納税者に戻すお金のこと。

ふるさと納税は魅力炸裂な制度。それでも、実際にセミナーなどで「ふるさと納税、知っている人？」と質問してみても、手が挙がるのは3割ほどなんです。そこから「ふるさと納税、利用している人？」と聞いてみると、さらに減って1割程度になる感覚です。知らないって人はまだまだいますし、知っていてもやらないという人もいます。

そんな人たちを見ていると、私はとっても「もったいないな～」と思ってしまいます。**ふるさと納税をしてもなんにも失敗しないし傷つくこともない**のに、やらないなんて。むしろ、トクしかありません！

ふるさと納税って、人生を変える一番カンタンな魔法。お金の知識を知って、実行すれば、人生に楽しみが増えますよ。

目　標

還付金は使わずそのまま貯金する！

ふるさと納税では、払った寄附金から2000円を除いた金額が、還付金として戻ってきます。それをそのまま貯金に回すことで、「現在《イマ》」も「未来」も楽しめる最強のツールになります。

一般的に、お金の世界でトクしようとしたら、「時間」が必要になります。

ですが、ふるさと納税は〝今、結果がわかって〟、〝今、楽しめる！〟というのが最大の魅力です。**特産品は寄附をしたら基本的に数日から数週間で送られてくることが多いので、すぐに楽しめますし、さらに寄附をしたお金に相当する金額は翌年には戻ってきます。**10年、20年先の話ではないんですよね。短い期間で明朗会計。わかりやすいほうが、誰だって嬉しいです。ふるさと納税は、寄附したお金が税金の還付金として戻ってくるとはいえ、プラスマイナス0なので（自己負担金2000円は払うので、額面的にはマイナス）、お金が増えるわけでも、利子がついてくるわけでもありません。ですが、支払ったお金が戻ってきているというのがポイントです。それを大切に貯めておくと必ず将来につながります。たとえば、4万円戻ってきたなら、それを貯め続ける。そうすることで、貯金の残高が確実に増えていくのです。

先ほどのA子さんの上限は、1年間に4万2000円です（P42の表を参照）。この4万2000円を寄附すれば、4万円が戻ってきます。**寄附金として支払ったお金が戻って**

ふるさと納税で楽しむ現在と未来

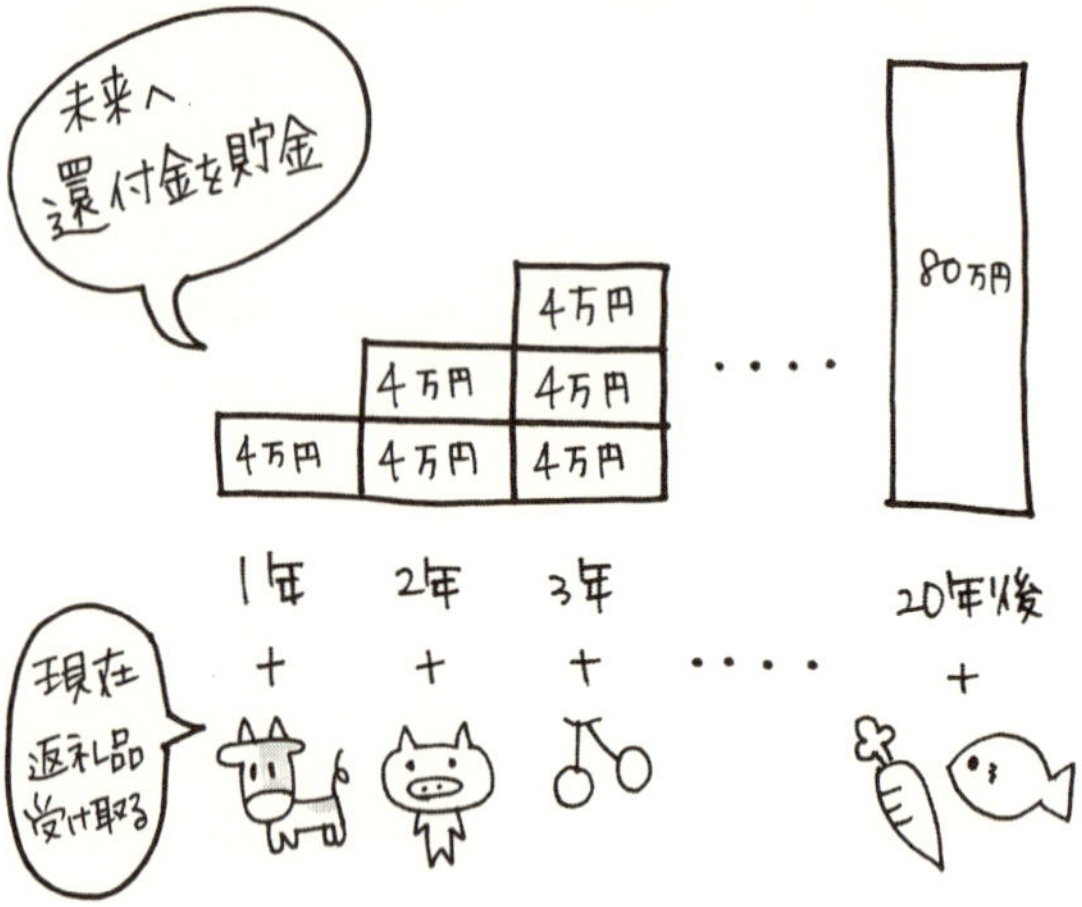

きたらそれを毎年貯金すれば、20年後には80万円の積み重ねができているんです。還付金がもっと多い人なら、それを貯金するかしないかで、20年で100万円以上に。

だから、寄附金として支払ったお金は自分の財産として受け取り、貯蓄に回しましょう。これが、未来も楽しむ方法です。

実践編

やってみよう！　ふるさと納税

ふるさと納税 実践のステップ

STEP 1【源泉徴収票を用意】 まずは去年の年収をチェック

STEP 2【寄附金額の上限を確認】 サイトでシミュレーションを

STEP 3【寄附先を選ぶ】 ルンルン、ネットショッピング気分で！

STEP 4【申込手続き】 自宅でたった10分。ワンストップ特例制度を使って気軽に

STEP 5【受け取る】 お礼の品と書類を受け取り、戻ってきたお金は貯金！

STEP 1

源泉徴収票を用意

まずは去年の年収をチェック

自己負担金額2000円でふるさと納税をいくらまでできるかは、その人の年収や家族構成などによって決まります。その金額（控除上限額）を超えて寄附をすると2000円以上支払うことになり、控除上限額を超えた分については、ふるさと納税の魅力である「お金が戻ってくる」を享受できなくなってしまいます。だから、自分の最大限にトクする金額＝控除上限額を知っておく必要があるのです。

そのために用意するものが、会社員の人なら去年の「源泉徴収票」（P37）、フリーランスや自営業の人なら去年の「確定申告書」です。

実はここで心が折れてしまう人がいます。特に、会社員の人が陥りがちなんですが、「源泉徴収票、どこにいったのかな？」と、源泉徴収票を見つけ出すのに時間がかかってしまい、会社の机をごそごそ、自宅の書類入れをごそごそ。そんなことをしているうちに、めんどうになって「もうやめた〜」ってなってしまったり、「源泉徴収票を管理していない私ってなんてダメ人間なんだ……」と、なぜか自分を責めだし、自己嫌悪に陥ったり。「自分もなりそうだ」と思ったあなたも、安心してください。ごそごそや自己嫌悪は、あなただけではありません。ふるさと納税初心者が、かならず通る道といっても過言ではないんです。

実は、私もそうでした。はじめてふるさと納税をしたときは、「源泉徴収票！　ない!!」って、会社の机の中をごそごそ、手帳をごそごそ、そこかしこを探していたら、会社のイントラネットの中に電子化されていた、なんてことがありました。だから（?）、どうかあきらめないでくださいね。源泉徴収票さえ見つかれば、すべてOKです。どうしても、**源泉徴収票が見つからない場合は、会社のお給料担当の部署に問い合わせて再発行をしてもらう**ことで解決します。

ところで、源泉徴収票ってなんだろう?

「はて? 源泉徴収票ってなに?」と疑問に思う人もいるでしょう。

源泉徴収票とは、会社に勤めている人が会社から受け取る「1年間のお給料まとめ」みたいなもので、お給料の金額や、税金の金額など、本来自分で確定申告するものをまとめてくれているという便利ツール。会社から、年末にかけて書類or電子化したものを受け取っています。それでは、源泉徴収票についてざっくり理解できたなら、ステップ2に進みましょう。

会社員の「源泉徴収票」

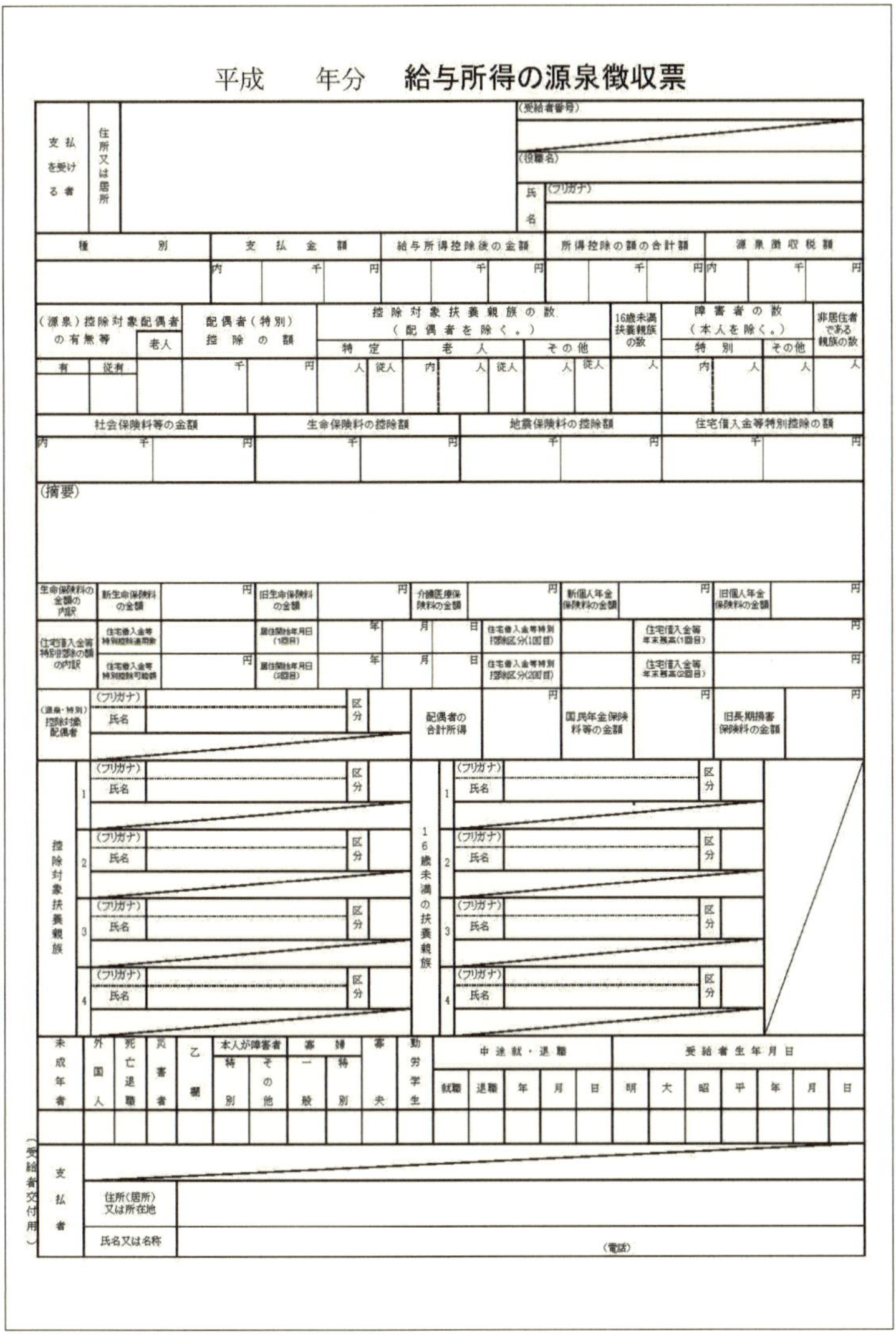

平成　年分　給与所得の源泉徴収票

支払を受ける者
住所又は居所
(受給者番号)
(役職名)
氏名　(フリガナ)

種別	支払金額	給与所得控除後の金額	所得控除の額の合計額	源泉徴収税額
	内　千　円	千　円	千　円	内　千　円

(源泉)控除対象配偶者の有無等		老人	配偶者(特別)控除の額	控除対象扶養親族の数(配偶者を除く。)						16歳未満扶養親族の数	障害者の数(本人を除く。)			非居住者である親族の数
				特定		老人		その他			特別		その他	
有	従有		千　円	人	従人	内　人	従人	人	従人	人	内	人	人	人

社会保険料等の金額	生命保険料の控除額	地震保険料の控除額	住宅借入金等特別控除の額
内　千　円	千　円	千　円	千　円

(摘要)

生命保険料の金額の内訳	新生命保険料の金額	円	旧生命保険料の金額	円	介護医療保険料の金額	円	新個人年金保険料の金額	円	旧個人年金保険料の金額	円
住宅借入金等特別控除の額の内訳	住宅借入金等特別控除適用数		居住開始年月日(1回目)	年　月　日	住宅借入金等特別控除区分(1回目)		住宅借入金等年末残高(1回目)	円		
	住宅借入金等特別控除可能額	円	居住開始年月日(2回目)	年　月　日	住宅借入金等特別控除区分(2回目)		住宅借入金等年末残高(2回目)	円		

(源泉・特別)控除対象配偶者　(フリガナ)　氏名　区分
配偶者の合計所得　円
国民年金保険料等の金額　円
旧長期損害保険料の金額　円

控除対象扶養親族
1 (フリガナ) 氏名 区分
2 (フリガナ) 氏名 区分
3 (フリガナ) 氏名 区分
4 (フリガナ) 氏名 区分

16歳未満の扶養親族
1 (フリガナ) 氏名 区分
2 (フリガナ) 氏名 区分
3 (フリガナ) 氏名 区分
4 (フリガナ) 氏名 区分

未成年者	外国人	死亡退職	災害者	乙欄	本人が障害者		寡婦		寡夫	勤労学生	中途就・退職					受給者生年月日						
					特別	その他	一般	特別			就職	退職	年	月	日	明	大	昭	平	年	月	日

(受給者交付用)
支払者
住所(居所)又は所在地
氏名又は名称　(電話)

STEP 2

寄附金額の上限を確認
サイトでシミュレーションを

ステップ2では、ステップ1で準備した源泉徴収票（フリーランス、自営業の人は確定申告書）を使って、実際の寄附金額の上限をチェックします。上限金額は、インターネットを利用して調べていきます。

それでは、パソコン（またはスマートフォン）を用意して始めましょう！　準備OKですか？

まずはグーグルで「ふるさとチョイス　シミュレーション」と検索してみましょう。

「ふるさとチョイス」は、私のオススメのふるさと納税ポータルサイト。シンプルで使いやすいのがイチ推しポイントです。

検索結果として、ふるさとチョイスの「還付・控除限度額計算シミュレーション」のページが出てきます。このページには、「かんたんシミュレーション」と「詳細シミュレーション」の2つの方法があります。

かんたんシミュレーション

かんたんシミュレーションは、**「家族構成」と「年収」を入力するだけで、寄附金額の上限目安がわかります。**ここでの年収とは、手取り年収ではなく税金などを差し引く前の金額（源泉徴収票の左上の「支払金額」）を入力します。

このシミュレーションは、すっごくカンタンでいいのですが、年収は100万円単位などざっくりしか選択できないので、より詳しい金額を確認するなら、詳細シミュレーションがオススメです。

詳細シミュレーション

会社員、公務員などお給料を受け取っている人は、まず「源泉徴収の方」と書かれているタブを開きましょう。そして「ご本人の給与収入」を入力します。これは税込み年収の

ふるさとチョイスの「かんたんシミュレーション」

2クリックで計算できる！かんたんシミュレーション

家族構成と年収を選ぶだけで、実質負担2,000円の「ふるさと納税」上限額がすぐ計算できる、かんたんシミュレーションをご用意いたしました。

家族構成

3、単身もしくは夫婦(配偶者控除が

※ もっとも近いものをお選びください。

※ 1〜3は給与収入の場合です。

※「共働き」は配偶者の給与収入が201万円超である場合となります。

年収

400万円

※ もっとも近いものをお選びください。

あなたの寄附額（目安）は

約43,000円

上記に表示された目安の寄附額まで、実施負担2,000円のみで地域を応援できます

ことなので、源泉徴収票の左上にある「支払金額」にあたります。

ここでのポイントは、源泉徴収票は前年度の内容だということ。大きな年収の変動があるときは、今年度の見込みの金額を入力するのがベター。詳しくはP44で説明します。また、新たに住宅ローン控除や医療費控除を利用する場合も、入力を忘れないようにしてください。

フリーランス、自営業の人は、「確定申告Aの方」もしくは「確定申告Bの方」のタブを開いて、確定申告書を見ながら入力していってくださいね。

「今は、ざっくり時短で知りたい！」という人は、左のふるさと納税額の目安表でチェックしてみてください。ただし、実際にふるさと納税をするときには、自分の限度額を超えてしまうと自己負担額が増えてしまうので、正確な金額を確認してから始めましょう！

P42の表を見てみると、同じ年収でも、高校生の子どもがいる家族よりも、**シングルやDINKS、子どもが小さい共働き夫婦の方が控除の上限が高くなっています。**

全額控除されるふるさと納税額、年間上限の目安(※)

(※) 2,000円を除く

年収	ふるさと納税をした人の家族構成	
	独身又は共働き	配偶者に収入のない夫婦、共働き＋子1人（高校生）
300万円	28,000円	19,000円
350万円	34,000円	26,000円
400万円	42,000円	33,000円
450万円	52,000円	41,000円
500万円	61,000円	49,000円
550万円	69,000円	60,000円
600万円	77,000円	69,000円
700万円	108,000円	86,000円
800万円	129,000円	120,000円

※中学生以下の子どもは計算に入れる必要はありません

出典：総務省ふるさと納税ポータルサイト

特に、共働き夫婦はそれぞれの収入に合わせて一人ずつこの制度が利用できるため、ダブルでおトク！　仕事で忙しいシングル女子や、共働き夫婦にとっては、返礼品が自宅に届くというのも嬉しいポイントです!!

ふるさと納税ポータルサイトは他にも

ふるさとチョイスのほかにも、民間の企業が運営するサイトや、総務省のサイトもあります。民間のサイトは、ふるさと納税の寄附先や返礼品を見つけやすかったり、申し込み・支払い・寄附金の上限のシミュレーションなどの手続きをひとまとめでできたりと、とっても便利です。それぞれのサイトでも、

オススメ！　ふるさと納税の関連サイト

総務省 ふるさと納税ポータルサイト	ふるさとチョイス
いわずと知れたご本家！　総務省が運営しています。「ふるさと納税の活用事例」など、寄附の効果がわかり、自治体を応援したくなります。	「あなたの意思をふるさとに」がキャッチコピーで、返礼品だけでなく、使い道にも焦点を当てているところが特徴。目的別に返礼品を探すときに便利。
さとふる	**楽天ふるさと納税**
個人的には、洗練されたロゴマークに胸キュン。「初めての方へ」と、初心者にもわかりやすい工夫があります。	ご存じ、楽天が運営しているサイトです。楽天のポイントがたまったり、会員登録している人は便利に使えます。

2019年１月現在

上限金額をシミュレーションできるページが用意されているので、必要に応じて利用してみてください。

多くのポータルサイトがありますが、寄附のたびに変更せず、1年間は同じサイトを使ったほうが入力など省略ができて便利です。

今年の年収が去年と大きく変わる人は要注意

ふるさと納税の上限金額を算出するときに必要な税込み年収は、「寄附する年（今年）の1月から12月までの年収」です。源泉徴収票や確定申告書は、昨年の1月から12月の年収です。要するに、過去の年収なんですよね。生活が大きく変わらない人は、お給料もそんなに変わらないはずなので昨年の年収を参考にしても問題はありません。

ただし、**今年、転職したり、昇格したり、大きく生活が変わる人、年収が変わる人は注意が必要**になってきます。上限金額をシミュレーションするときには、**「今年の予想年収」を入力**するようにしましょう。

「今年の年収がわからないな」っていう人は、「リスクヘッジとして少なめの年収で計算して、年末が近づいてきたら、再度シミュレーションを利用して金額を確定する、足りなかった分を追加で寄附」というように、調整しながら寄附するのがオススメですよ。

STEP 3 寄附先を選ぶ

ルンルン、ネットショッピング気分で！

寄附金の上限金額がわかったら、ステップ3です。お待たせしました(?)。それでは、寄附先を決めていきましょう。決めるといっても、先ほど紹介したポータルサイトを利用して、自分が好きなものを選ぶだけです。

寄附先を選ぶ方法は、大きく3つあります。

返礼品で選ぶ

これは、もうシンプル。**自分が食べたいモノ、欲しいモノがある寄附先を選びましょう。**牛肉や豚肉、かに、ふぐ、牡蠣《かき》、えび、季節のフルーツに、アイスクリーム、お酒など、食料品だけでも、迷い出したらきりがありません。食料品のほかにも、特産物を使用している化粧水や石鹸など美容関連もあります。娯楽関連も充実しています。ポータルサイトは検索しやすくなっているので、ドンドン検索してお気に入りの返礼品を見つけてください。どうしても選べない人は、ランキングやポータルサイト内の特集地域で選んでしまうのも初めの一歩としてはアリでしょう。経験すれば、「次はあれにしよう！　あそこにしよう！」と選択することができますよ。

自治体で選ぶ

たとえば、「毎年、北海道にラーメンを食べに行っている」「沖縄でのおひとりさまバカンスの常連です」など、お気に入りの観光地があれば、その自治体に寄附をするのもひとつの方法です。訪れるだけではわからなかった地域の特色や名産品なんかがわかったりして、新たな発見につながることもあります。**思い入れのある地域に自分のお金が役に立って嬉しい**ものです。

また、育った地域と現在住んでいる地域が違う人は、自分の出身地の自治体に寄附をして貢献するというのもいいでしょう。地元に恩返しするのも大人になった証拠。これぞ、名前通りのふるさと納税ですね。

返礼品のイメージ

広島県《ひろしまけん》 熊野町《くまのちょう》
化粧筆　モテフデ+
寄附金額
30,000 円
以上の寄附でもらえる

沖縄県《おきなわけん》 与那国町《よなぐにちょう》
【L003】オリオン　ドラフトギフトセット
寄附金額
10,000 円
以上の寄附でもらえる

高知県《こうちけん》 安芸市《あきし》
13-(6). ふるさと食卓セット だんらん
寄附金額
9,000 円
以上の寄附でもらえる

北海道《ほっかいどう》 豊富町《とよとみちょう》
チョイス公式ポイント導入自治体 詳細
保有ポイント数： 0 pt
この自治体のポイント制について
L-01 とよとみ牛乳ソフトクリーム【120ml 3種類 計12個】
FERME
寄附金額
10,000円

鳥取県《とっとりけん》 鳥取市《とっとりし》
222　ゴン太の愛犬用フード＆おやつセット①
寄附金額
34,000 円
以上の寄附でもらえる

使い道で選ぶ

ふるさと納税として寄附したお金は、**ほとんどの自治体で「どんなお金の使い方をしてほしいか」といったリクエストを受けつけています。**使い道で寄附先を選ぶのは、初心者にはハードルが高いかもしれませんが、ふるさと納税中級者・上級者になったら、ぜひ取り入れてほしい視点です。

とはいえ、使い道をリクエストするといっても、複雑な手続きは一切ありません。ポータルサイトを利用して、住所など必要事項を入力するときに、指定された選択肢の中から使い道を選ぶだけで完了です。

また、**台風や地震があったときには、ふるさと納税を利用して復興支援をすることもできます。**ポータルサイトの「ふるさとチョイス」では、地震など災害が起こるとすぐに被災地支援の特集が組まれるのが特徴です。災害復興のほかにも、自然保護・伝統を守る・文化・観光・高齢者支援まで、使い道は多種多様です。「子育て支援に使ってほしい！」とか、「観光事業に使ってほしい！」というように、お金の使い道で寄附先を選ぶ、というのもふるさと納税の楽しみ方。「この自治体のこの事業に賛同したい！」といった目的でふるさと納税を利用するのもアリです。

寄附する自治体は複数でもOK

ふるさとチョイスに掲載されている返礼品を提供している自治体は約1800!! さらに、返礼品の数は20万品以上（2019年2月現在）にも。そんな数多くある自治体や返礼品の中から選ぶとなると目移りしちゃうかもしれませんが、そこは寄附の金額の上限と、自分の欲求に任せて選んでみてください。

ここで悩んでしまって、先に進めないのはもったいないので、まずは始めてみましょう!!

寄附金額は、複数の自治体に分けることもできます。たとえば、寄附金額の上限が5万円の場合は、5万円をひとつの自治体に寄附してもいいですし、1万円、2万円、2万円と3ヵ所の自治体に寄附をするなど、分けて寄附することもできますよ。P53でお話しする**ワンストップ特例制度を使う場合は、1年間の寄附先は5自治体までです。**

品物の種類やお届け時期のカブリにも注意を

寄附した自治体や返礼品の種類によって、返礼品は送られてくる時期に差があります。それでも、生ものばかり指定していると食べきれず腐らせてしまう可能性もありますし、いろいろな返礼品が一度に届いて冷蔵庫や冷凍庫がパンパンになることも（食べすぎて太っちゃうこともあるかもしれません）。春はさくらんぼ、冬はかになど、旬の食べ物もありますから、時期を分散させる、加工食品も選ぶなど、デキル女子目線で選びましょう。

STEP 4 申込手続き

自宅でたった10分。ワンストップ特例制度を使って気軽に

寄附先が決まったら、いよいよ寄附をします！

ネットショッピングをしたことがある人なら、要領は同じ。ちゃっ、ちゃっ、ちゃっ、とポータルサイトに必要事項を入力していくだけなんです。

そこで悩んでしまうのが、たくさんある寄附金の支払い方法。クレジットカード・銀行振り込み・Yahoo！公金支払い・自治体へ直接持参・現金書留・コンビニ払いなどいろいろあります。私のオススメの方法は、クレジットカードを利用した支払いです。**クレジットカードを利用すれば、ネットショッピングの要領で寄附ができてしまいます。**さらに、クレジットカードを利用することでクレジットカードのポイントもつくというオマケつきなんです。この手軽さとおトクさが、嬉しいところだなって思っています。

手間がかかりそう……と敬遠していた人も、一度取り組んでみると「こんなにカンタンだったんだ！」と必ずわかってもらえます。「ふるさと納税やったことないんです、むずかしそうで……」と言っていた人でも、私が「やってみて！　やったらカンタンだから！」とゴリゴリおすすめしてるので、しぶしぶやってみると、そのあとすっごく晴れやかな顔で「やってみたら、すごくカンタンでした！」と教えてくれたりします。「税金のシステムはむずかしそう」「めんどうなんじゃないかな？」というイメージをもっていた人も目からウロコで、イメージも変わるはずです。

寄附は何度かに分けないと、支払いが大変になることも！

ふるさと納税は、先に寄附をして、後からお金が戻ってくる仕組みです。そのため、先に立て替え払いをしている状態なんですよね。寄附の上限が４万円の人なら、４万円、一括で全額寄附するのはちょっとおさいふに優しくない！　という場合は、数回に分ける方法を選んでくださいね。**３ヵ月に１度１万円、半年に１度２万円とか、ボーナスを利用するとか。自分のおさいふと相談しながら、寄附をしてください。**

（ふるさと納税は寄附の締め切り日に要注意です！　年末にさしかかるほど、支払い方法の選択肢が少なくなってしまいますし、次で出てくるワンストップ特例制度の書類のやりとりも時間的余裕がなくなるので、**12月上旬、おそくて中旬までには目途《めど》をつけておきたいところです。**）

ワンストップ特例制度を使えば、確定申告しなくてもOK！

ワンストップ特例制度は、「ふるさと納税がみんなにとって身近になるように」とつくられ、確定申告をしなくてもふるさと納税を楽しめるようになっています。この制度ができるまでは、ふるさと納税は寄附を行った翌年に確定申告をすることで手続きが完了していました。

会社員などのお給料をもらっている人は、確定申告ではなく年末調整で税金関連の手続きが終わるという人も多くいるため、「わざわざ確定申告するくらいなら、ふるさと納税しなくても……」と一歩踏み出せない人もいたはず。そんな人のために、**要件を満たした人は確定申告しなくてもいいよという制度**ができたのです。

この特例を利用できるのは、

1. 確定申告をする必要のない給与所得者
2. 1年間にふるさと納税をした自治体が5つ以内

という2つの条件を満たす人です。確定申告をしている**フリーランスの人や、会社員・公務員などお給料をもらっている人の中で、なんらかの理由で翌年に確定申告をする予定があれば、ワンストップ特例制度は利用できず、ふるさと納税分の控除も確定申告をする必要があります。**要件を満たした人がこの制度を利用すれば、確定申告をする必要はありません。

どうすれば、ワンストップ特例制度を利用できるかというと（寄附先の自治体によって運用の仕方は違うのですが）、**ポータルサイトに必要事項を入力するときに「ワンストップ特例制度を利用する」というチェック欄があるので、そこにチェックを。**そうすると、寄附をした自治体からワンストップ特例制度を利用するための書類が、返礼品とは別に送られてきます。その書類に記入をして印鑑を押し、マイナンバーカードなど必要な書類のコピーと一緒に寄附先の各自治体に提出するだけです。確定申告と比較すると格段に手間が省けます。ワンストップ特例制度を利用したら、所得税ではなく全額住民税から差し引きされます。

ワンストップ特例制度を利用する手続きを忘れると、翌年の確定申告をする必要がでてきます。この制度の対象で、確定申告をしたくない人は、ぜーーったいに忘れないでくださいね。

STEP 5 受け取る

お礼の品と書類を受け取り、戻ってきたお金は貯金！

ステップ1〜4まで終了したら、あとは「返礼品」と「寄附金受領証明書」を受け取るだけです。「寄附金受領証明書」は漢字だらけの長い名前で、よくわからない書類として捨ててしまいがちなのですが、捨てずに保管しておいてください。**確定申告をする人は、確定申告に必要なので絶対に捨てないでください。**

返礼品が届いたら、「#ふるさと納税」でインスタUP！

ぜひオススメしたいのが、ふるさと納税で返礼品が届いたらSNSにUPすること♡

特に、インスタグラムを活用するのは、楽しみ方のひとつです。みなさんもご存じのとおり、インスタってハッシュタグの検索がしやすいし、みんなのリアルがわかります。実際に、**「#ふるさと納税」は22万以上ポストもされていて**（2019年2月現在）、**人気タグ**

のひとつなんです。ふるさと納税のポータルサイトでは、量はグラムやキロで判断することしかできないため、実際に手に取って見るまでは、どのくらいの量なのかわかりにくいと感じることもあります。そんなときに参考になるのが、インスタ。インスタにあげている人の写真はリアル。その情報を参考にしてみるというのもイマドキ！　の活用法です。

私は、ポータルサイトに加えて、**インスタのハッシュタグで検索して返礼品チェック**をしています。たとえば、テンションがあがったのが、百貨店や高級スーパーなどで取り扱っている某高級バター。某高級バターの公式サイトによると、30グラムが380円、250グラムで2060円。このバターをふるさと納税のハッシュタグをつけてインスタにあげていた人がいたんです。見つけたときには、思わず「え！　あのバターが！」と声に出して舞いあがったほど。ほかにも、インスタならではの情報でパッケージがかわいくておしゃれなアイスがアップされていたり、サシがきれいな牛肉とかもあったり……笑（サシの美しさって、ポータルサイトの写真じゃわからないんですよね）。

まぁ、そんなふうにタグを追いかけていると、一緒に地方自治体の名前のハッシュタグがついていたりします。自分が全然知らない自治体だったりするとまた、「この自治体ってどこにあるの？　そもそも何県？」とか、もっと調べだしちゃうわけなんです。

自分の備忘録としてUPしたインスタが、ほかの人の参考になっている。それを見た人によって、そこの自治体への寄附が増えればそれも嬉しいですよね。インスタを活用することで、ふるさと納税仲間が増えていけばいいなって思います。

ふるさと納税で、心のつながりを感じる

返礼品そのもの以外にも、寄附への対応のしかたは、地域によってさまざまな特色があります。村長さんからお礼メッセージが届くような自治体もあれば、暑中見舞いなどを送ってくれたり、返礼品の段ボールに地元の子どもが描いた絵なんかが印刷されている地域もあります。この段ボールには、ちょっと感動しました。「次はこの子たちに役立つように寄附金の使い道を選択しよう」とか思っちゃったりして、まんまと（？）戦略に引っかかっています。このような**気持ちがほっこりするメッセージや、意図していなかった心の**

つながりも、ふるさと納税の魅力のひとつだと思うんです。ふるさと納税を利用すれば返礼品や寄附金控除、人によっては自治体との心のつながりまで手に入れることができるんです。

また、ふるさと納税で戻ってきた還付金や住民税の減額分は、使わないで貯金をしておきましょう。

ワンストップ特例制度を利用する人は、翌年の住民税が減額されているのですが、それでは「お金が戻ってきている」という実感がわかないかもしれません。その場合は、「寄附した金額―2000円」をイメージして（自治体によっては、5月頃に配られる住民税決定通知書の摘要欄に「寄付金税額控除額○○円」などの表記がある場合もあります）。

「わ〜！　戻ってきた〜！　わーい！」と使ってしまうのも止めませんが、1年で4万円貯めれば、20年で80万円です。将来の自分のために生かすというのも選択肢のひとつですよ。

第2章

今も！　老後も！
続けるだけでいいことがある

iDeCoはおいしい！

個人型確定拠出年金（iDeCo《イデコ》）で、お金を減らさず節税でトクをする

CASE 2
B子の場合

「私にも老後がくるのかと思うと、不安。いつかは親もいなくなるし、今の私には頼れるパートナーだっていない。だから老後のお金は自分で準備しなきゃ。そう頭では理解しているけれど、**資産運用は減りそうでこわいし、慎重な性格の私にはハードルが高い……**」

そんな、「資産運用はこわい、でも将来も不安」と思っている女子にオススメなのが「個人型確定拠出年金（愛称：iDeCo）」です。

左のイラストのB子さんの場合なら、この制度を利用するだけで、1年間の節税額は4万1400円、60歳まで続けると128万円にもなるんです！

DATA

B子 29歳・独身・
実家暮らし・メーカー勤務（営業）

年収：380万円

貯蓄：420万円

家に入れているお金：月3万円

CASE 2

まじめで実直 “資産運用こわい！” 女子

お金使うのこわいんだもん
（結婚の予定ないし、
人生長そうだし…）
たまには友達と
外食とかしないの？
いつまでもこんな
暮らしをしていちゃ
ダメとわかっている
母が毎日
用意してくれる晩ごはん

個人型確定拠出年金（iDeCo）がオススメ！

仕組み

iDeCoってどんな制度なの？

個人型確定拠出年金とは、年金の制度です

年金と聞くと「むずかしそうで、自分には関係ない」と思ってしまう人もいるかもしれません。そんなことは、絶対ありません！　だまされたと思って（だまさないけど）、ついてきてください。

個人型確定拠出年金は、iDeCo（イデコ）という愛称で呼ばれています。ちなみに、厚生労働省お墨付きのイデコちゃんというゆるキャラもいます。おでこに特徴のあるシロイルカをモチーフにしているそう（おでことイデコ……）。かわいくって、私は好きです。

イデコちゃん

制度は2001年からありましたが、2017年に法律が改正されたことによって、国

個人型確定拠出年金（iDeCo）の仕組み

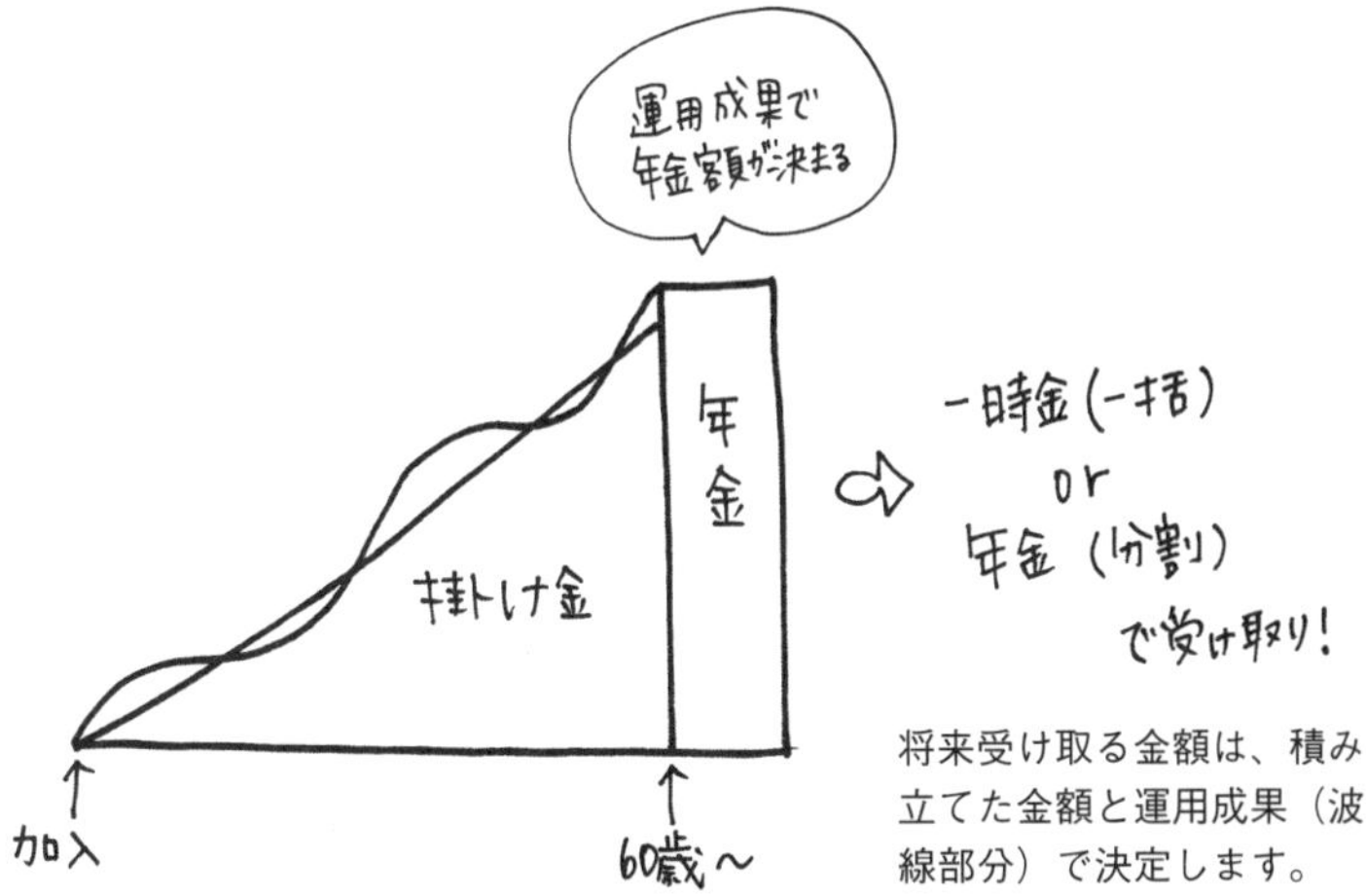

将来受け取る金額は、積み立てた金額と運用成果（波線部分）で決定します。

民年金に加入しているほぼ全員が対象となったため、より注目を集めるようになりました。

「個人型確定拠出年金」は漢字が多くてうんざりしちゃいますが、「個人型／確定／拠出／年金」と分解してみるとわかりやすいです。「私たち個人で確定した金額を拠出する年金のこと」だと、少しわかりやすくなったと思いませんか。

iDeCoは、公的年金とは別に、自分で年金を積み立てて、そのお金を定期預金や投資信託などで運用する制度です。年金額は、運用の成果と連動しているため、受け取るときに決定します（上の表を参照）。

iDeCoで節税できる金額
（扶養家族なしの会社員の場合）

掛け金＼年収	300万円	400万円	500万円	600万円
月10,000円（年120,000円）	18,000円	18,000円	24,000円	24,000円
月23,000円（年276,000円）	41,400円	41,400円	55,200円	55,200円

iDeCo公式サイト「かんたん税制優遇シミュレーション」にて計算

この制度が注目されている理由は、ぶっちゃけると〝節税効果がある〟から（上の表を参照）。ｉＤｅＣｏは、税金の優遇を受けながら、年金の準備ができる一石二鳥の制度です。普段、なにげなく支払っている税金がおトクになれば誰でも嬉しいですよね。

税金の優遇ってどういうこと？

ｉＤｅＣｏによって税金が優遇されるタイミングは、３度あります。

年金を積み立てるとき

１つめは、年金を積み立てるとき（拠出といいます）。

iDeCoの節税の仕組み

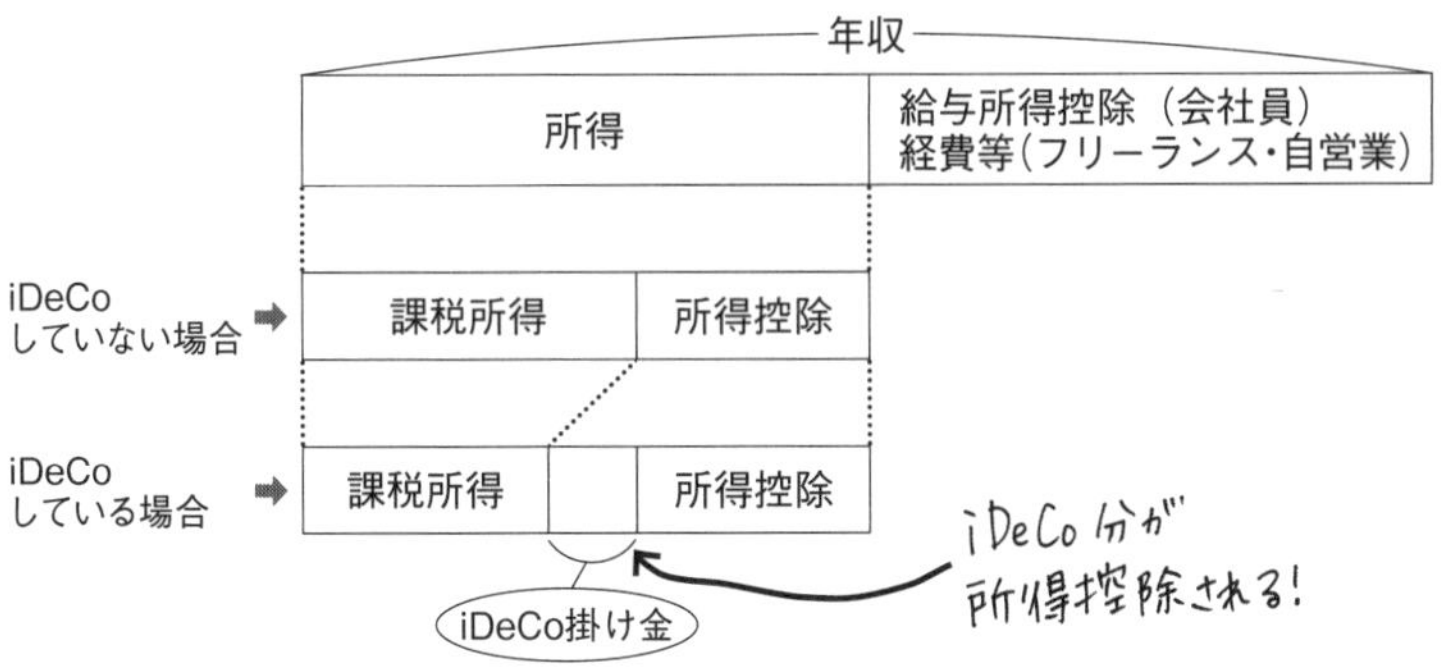

年金として拠出した金額（掛け金）は、全額「所得控除」の対象になります。所得控除の対象になることで、**所得税と翌年の住民税が軽減される**のです。このメリットは、他の制度と比較できないほど魅力的です。

またこのメリットは、年収が高い人や独身の人ほど大きくなります。先ほどのB子さんの課税所得金額が130万円なら、1年間の積立金額が27万6000円の場合、節税額は4万1400円、29歳から60歳までを考えると128万円にもなります。やっている人とやっていない人でこんなにも大きな差が生まれてくるって驚きです。

運用商品を売買するとき

2つめは、iDeCoで投資信託などの金融商品を運用する場合に、それを売り買いしたとき。普通、金融商品の売買には、利益分に対して20・315％の税金がかかります。それが、**iDeCoだと利益が出ても税金がかかりません。**そのため、効率よく運用ができるんです。たとえば、一般の運用では1万円の利益に対して、およそ2000円の税金がかかり、手元に残るのは8000円。一方で、iDeCoは非課税なので2000円の税金がかからず、1万円がまるまる手元に残ります。運用して20％を増やすにはそれなりのリスクをとらないといけませんが、税金の制度を生かせばリスクなしで20％、手にしているのと同じことだと言えます。

年金を受け取るとき

最後は、受け取りのときです。

iDeCoは、60歳〜70歳の間に自分のタイミングで受け取る時期を決めることになります。**受け取るときにも税金が優遇されています。**

通常は、お金を受け取ると〝一時所得〟や〝雑所得〟として税金の対象になります。i

DeCoは、一時金として一括で受け取る場合は「退職所得控除」、年金として受け取る場合は「公的年金等控除」という税金の仕組みを利用することができます。

「お金の世界においしい話はない！」は、鉄則ですが、iDeCoは、正直……おいしい。60歳まで引き出しができないとか、手数料がかかるとか、細かなことはありますが、把握して使いこなすことができれば、これほど魅力のある制度はありません。ぜひ、利用してみてください。

女子的魅力

節税しながら、老後の準備ができる！

iDeCoの女子的魅力は、なんといっても「こわくない‼」こと。お金の話は、「むずかしくてこわい……」とか、「お金があまりなくて、将来が不安……（で、こわい）」とか、こわさという〝不安〟にとらわれている女性も多いですが、iDeCoは、この不安を取り除いてくれます。

1 こわくない！　減らさずにおトクが手に入る

「税金の制度はわからないし、年金の運用先を決めるとか、お金が減ったりしそうで、なんだかこわいものじゃないかな」という声もよく聞きます。わかります、その気持ち。

実は、iDeCoは、ある方法を選べばこわさゼロで、おトクを手に入れることができるんです。それが、元本確保型（定期預金）を選ぶことです。**年金の運用先として定期預**

金を選べば元本を減らすことなく、税額控除のメリットを受けることができるんです。

ただし、定期預金は市場の金利を反映しているため、金利は期待できませんのであしからず（トホホ）。

早く始めたら、その分だけ節税のメリットを受けることができます。思い立ったら吉日。慎重な性格のあなたにも、利用できる制度です。

2 自分の年金が増えるから、将来の不安とさよならできる

女性の相談者に多いのが「将来が不安で……」という声。女性の平均寿命は、87歳。これからどんどん伸びていくと、私たちがおばあちゃんになるときには「100歳まで生きる」を前提にしてライフプランを考えておきたいですよね。長生きしたら、必要になるのが〝お金〟です。

将来の不安の原因は、「年金がいくらもらえるか知らない」「老後の資金を準備する方法がわからない」など、お金に関するモヤモヤであることが多いのです。

そんな人ほど、このイデコちゃんに助けてもらいましょう。iDeCoは、年金を準備

するための制度。たとえば30歳から、毎月2万3000円積み立てていくと、60歳には828万円も準備することができます。

仕組みをつくることによって、公的年金以外に、自分の力で自分のための年金を準備することになります。

準備をした分だけ、将来の不安とさよならできるのです。

3 ライフプランが変わっても続けられる

「女の子は、川の流れのように生きるもの」

私が尊敬する女性からもらった言葉です。現代でも女性は、出産・子育てで大きくライフプランを変更しなければならないこともあります。また、自由自在な生き方を選択する女性も増えています。悩み多き人生をiDeCoは一緒に歩んでくれるんです。

iDeCoは、転職しても続けることができますし、積み立てる金額も年金の運用先も変更することができます。60歳まで引き出すことができないという原則もありますが、自分の働き方や気持ちに合わせて対応可能。

60歳になったとき「人生いろいろ選択してきたけれど、あの時iDeCoを始めていてよかった」と、自信をもって言えると思います。

「減らないからこわくない」「将来もこわくない!」「ライフプランにも対応できる」、それがiDeCoの魅力です。

あなたの生活にも取り入れてみませんか?

女子的魅力まとめ

1. こわくない! 減らさずにおトクが手に入る
2. 自分の年金が増えるから、将来の不安とさよならできる
3. ライフプランが変わっても続けられる

目的

iDeCoという安心のパートナーを得よう

人生という旅に寄り添ってくれるiDeCo

iDeCoを始めることは、「将来の自分へプレゼントを贈ること」だと思っています。今と同じように、友達とランチをしたり、デパコスを買ったり、旅行したり……。年を重ねても楽しみはあきらめたくない。そのためには、将来のお金の準備は最重要課題!! 今からiDeCoをコツコツ続ければ、必ず将来の役に立ちます。

もしも、あなたが人生のどこかで寄り道することになっても、迷っても、止まっても、まっすぐ突き進んでも……。まるで「人生」という旅のパートナーのように、**いつもiDeCoは一定額を積み重ねて、将来の年金としてそばにいます。**「これがあるから大丈夫」、そう思える日がくるかもしれません。

目　標

年金にプラスして、節税分も貯める！

還付金を貯金すれば、老後の楽しみが増える

iDeCoも、ふるさと納税と同様に「今も将来も楽しむことができる」制度です。

iDeCoの最大の目的は、将来の年金を準備すること。それに加えて、税金が戻ってくる仕組み（所得控除）があります。控除で戻ってきたお金（還付金）は、「ラッキー♡使っちゃお！」と使ってしまえば水の泡。**還付金は、貯金に回して。もし1年の還付金が5万円だったら、30歳の人が60歳まで貯め続けると30年で150万円も貯めることができます。**

これ、冷静に考えてみると、iDeCoとして年金を積み立てている人は、何もしなく

ても150万円もトクしていることになるんです。リスクなしで150万円増えているのと同じです。「副賞、ハワイ旅行5回分」みたいな金額と思ったら、めっちゃよくないですか……⁉

このお金は、目減りしないよう預貯金で管理するのもアリだし、さらに増やしたい人は、第3章に出てくるNISA（ニーサ）という制度を利用して投資にチャレンジしてみるという選択もあります。

年金を積み立てながら、さらに還付金を貯めて、iDeCo活用しちゃいましょう！

実践編

やってみよう! iDeCo

iDeCo 実践のステップ

STEP 1 **【年間の積立金額を決める】** 表を見て、掛け金の上限を確認

STEP 2 **【開設金融機関を選ぶ】** 絶対チェックすべきは手数料

STEP 3 **【口座を開く】** 自宅でできる! ネットで資料を取り寄せ手続きを

STEP 4 **【運用先を見つける】** 損したくないなら、投資はせずに定期預金が○!

STEP 5 **【定期的にチェック】** ライフスタイルに合わせて見直しを

iDeCoの掛け金の上限額

対象者	フリーランス（自営業）	会社員	公務員など共済加入者	専業主婦
月々の掛け金上限	68,000円（年間816,000円）	企業年金がない場合 23,000円（年間276,000円） 企業年金がある場合 12,000円～20,000円（年間144,000円～240,000円）	12,000円（年間144,000円）	23,000円（年間276,000円）

STEP 1

年間の積立金額を決める

表を見て、掛け金の上限を確認

毎月いくら積み立てるかは、自分で決めます。

ｉＤｅＣｏは月５０００円から千円単位で始めることができ、掛け金の上限は、働き方や会社の年金制度によって決まっています。

掛け金の上限は上の表にまとめていますので、確認してみてください。掛け金の上限がわかったら、毎月の積み立てる金額を決めていきましょう。**オススメは、上限金額で積み立てること。なぜなら、積立金額が増えるほど税金のメリットは大きくなるから**です。

「それは、ちょっときびしい……」と思う人もいるかもしれません。でもすぐにあきらめてしまわずに、そんな時こそ、日々のお金の使い方を見直すきっかけにしてみるのはどうでしょうか。今まで気づかなかったムダ遣いが見つかるかもしれません。楽しみを減らして無理をするのはオススメしませんが、もしムダにお金を使っているようならそのお金を回してみましょう。将来の自分のために自己投資をするような感覚で考えてみてくださいね。

iDeCoの積み立ては、毎月だけではなく、指定した月だけ積み立てることもできます。「ボーナス月にまとめる」なんてこともできますよ。自分のおさいふ事情に合った方法で準備していきましょう。

公式サイトでシミュレーション！

また、国民年金基金連合会が運営しているiDeCo公式サイトでは、「かんたん税制優遇シミュレーション」があって、「年収・年齢・掛け金」を入力するだけで、一人一人の所得税と住民税がどれだけ軽減できるのか、今の年齢から60歳まで加入するといくら積み立てることができるのかが、ひと目でわかるようになっています。これを見たら「やる

iDeCo公式サイト
「かんたん税制優遇シミュレーション」

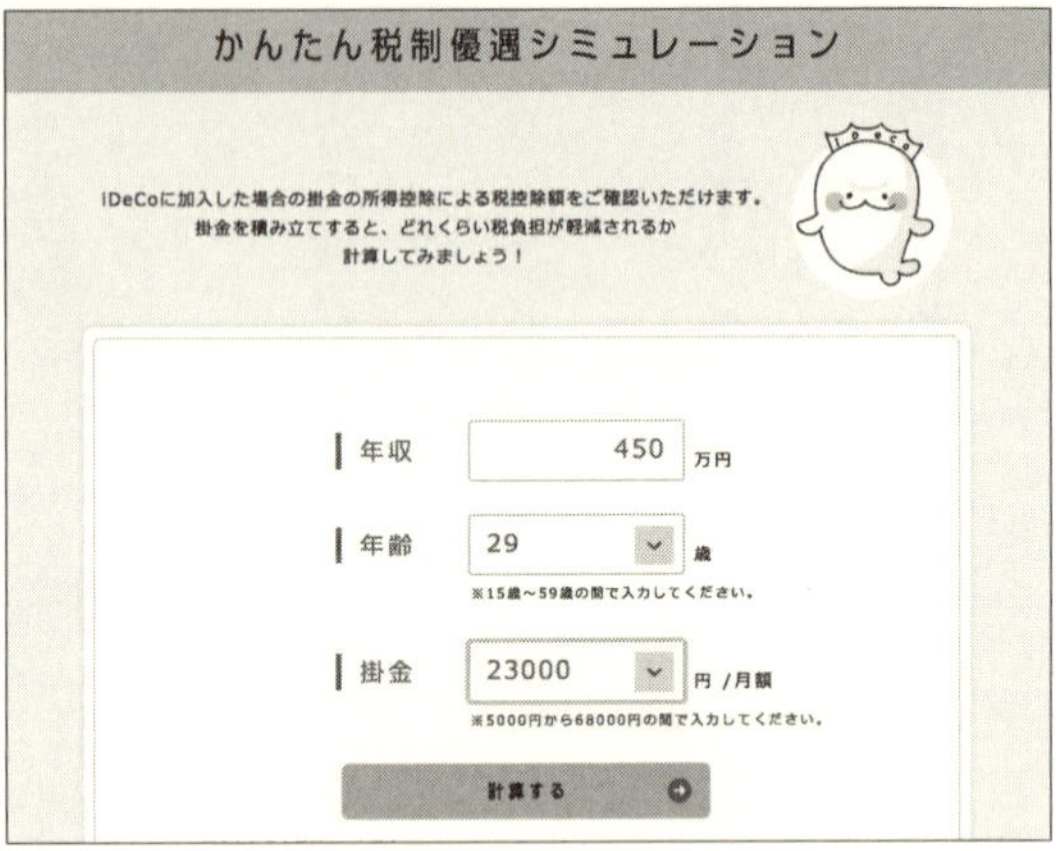

https://www.ideco-koushiki.jp/simulation/

っきゃない！」と決意してしまうサイトです。

金額を決めるポイントは、iDeCoだけで考えるのではなく、貯金とのバランスも大切にすること。**iDeCoは、原則60歳まで引き出すことはできないため、おトクな制度だからといって無理をしてしまうと、毎日の生活に余裕がなくなってしまいます。**それは、ちょっと悲しすぎる。緊急時のためのお金や住宅購入の頭金などは、手元に準備しておいてくださいね。

原則、60歳まで解約して引き出すことはできませんが積み立て金額は変更できるので、無理のない範囲から始めましょう。

チェックポイント

☑ 60歳まで引き出せないけど、大丈夫？
☑ iDeCo以外に、ちゃんと貯金ある？
☑ 掛け金の上限金額、チェックした？
☑ 税金がいくら軽減になるか公式サイトで確認した？

STEP 2 開設金融機関を選ぶ

絶対チェックすべきは手数料

年金を預けておく金融機関も自分で決めます。これから紹介する2つのポイントを比較し、検討していきましょう。

POINT❶【手数料】

iDeCoはどの金融機関に申し込んでも、加入時に国民年金基金連合会に支払う手数料2777円が必要になります。さらに、**毎月の口座管理手数料がかかります。この毎月の手数料は金融機関ごとに設定されているので、なるべく安い金融機関で加入するのがiDeCoをおトクに使いこなすコツ**です。

口座管理手数料は、毎月の掛け金の中から差し引かれます。その残った金額で運用する商品を買い付けていきます。

2万3000円を積み立てていると仮定して、毎月かかる手数料が170円の金融機関Aと、500円の金融機関Bで比較します。

Aは、2万3000円のうち170円の手数料が差し引かれるので、2万2830円からのスタート。Bは、2万3000円のうち500円の手数料が差し引かれるので、2万2500円からスタートです。

このように、スタートの金額から差がつきますし、この事例だと1年間で約4000円、30年間で約12万円の差になります。P84の表も参考にしてくださいね。

POINT❷【商品のラインナップ】

運用先の金融商品の数も、金融機関によって違います。はじめは、元本が減らない定期預金からスタートしても、慣れてきたり、価値観の変化があったりして、「投資をしたい！」と考えるようになるかもしれません。そのときのために、元本変動型の選択肢が多い（目安としては10本以上）金融機関を選んでおいたほうが対応しやすくなります。元本変動型とは、元本確保型（定期預金）とは違い、元本が増える場合も減る場合もある投資信託（P90参照）のことをいいます。株式や債券など、さまざまな資産に分散投資することを考えると、後で出てくるインデックスファンド（P96参照）やバランスファンド（P94参照）がそろっている金融機関が理想です。

たとえば、インターネット専業証券（ネット証券）ではSBI証券が、銀行ではりそな銀行が、元本変動型の商品数、ラインナップともに豊富です。P84の表を見るとわかるように、手数料や商品数も金融機関ごとに違います。

ネット証券と銀行の手数料と、金融商品数の比較

			加入時に必要な手数料（単位：円）			毎月必要な手数料（単位：円）					金融商品の数（単位：本）		特徴
			国民年金基金連合会	運営管理機関	合計	国民年金基金連合会	運営管理機関	事務委託先金融機関	合計（毎月）	合計（年間）	元本確保型	元本変動型	
ネット証券	SBI証券	セレクト	2,777	0	2,777	103	0	64	167	2,004	1	36	品ぞろえは一番！
		オリジナル	2,777	0	2,777	103	0	64	167	2,004	1	37	
	楽天証券		2,777	0	2,777	103	0	64	167	2,004	1	31	楽天証券のＩＤだけで一括管理ができる
銀行	三菱UFJ銀行	ライトコース	2,777	0	2,777	103	255	64	422	5,064	2	8	給与振り込みを利用している人におすすめ。限られた本数から選びやすい。
		標準コース	2,777	0	2,777	103	378	64	545	6,540	7	17	
	りそな銀行	通常	2,777	0	2,777	103	316	64	483	5,796	2	24	給与振り込みなど条件を充たしている人には割引サービスあり！
		給振など条件を充たした場合	2,777	0	2,777	103	262	64	429	5,148			

2019年１月現在

一緒

会社によってちがう！

年間で考えると差がはっきり！

金融機関をなかなか自分で決められないなら

どこの金融機関がいいか調べるのが「も〜、めんどくさい！」というなら、**お給料が振り込まれてくる金融機関を確認してみることから始めてみましょう。**「どこの金融機関で取引していたっけ？」と考えることなく管理が楽です。

自分のお給料が入ってくる金融機関を基準に、「手数料はいくらか？」「商品の数はどうか？」を他の金融機関と比較してみると（P84の表を参照）、「自分のお給料が振り込まれてくる銀行は手数料が高いな」など、具体的な判断がしやすくなります。

たとえば、「給与振り込みがあるA銀行でiDeCoに入るなら、年間5000円の手数料がかかるけれど、ネット証券なら2000円。3000円の差は、私にとって大きいからネット証券にしようかな」とか、「手数料の差は3000円だけど、私はどこで取引していたかとか考えるのめんどうだし、給料が入ってくるところがいいな」など、判断のヒントになってくれますよ。

STEP 3

口座を開く

自宅でできる！ ネットで資料を取り寄せ手続きを

金融機関を決めたら口座を開きましょう！ まずはじめに、ネットで資料を請求します。

「○○○○（金融機関の名前） 個人型確定拠出年金」とか「○○○○（金融機関の名前） イデコ」と検索すると、iDeCoの申し込みサイトにたどり着くことができます。そこから名前などの必要事項を入力して資料を取り寄せましょう。

（現在の法律の関係上、店舗でiDeCoの説明をしたり、受け付けをしている金融機関は多くはありません。ただし資料は、専用コールセンターに電話をして取り寄せることができます。）

資料が届いたら、書類に必要事項を記入します。必要事項の中には、「基礎年金番号」もありますので、あらかじめ年金手帳を準備しておくとよいでしょう。年金手帳は、結婚や転職などのときにも利用するものなので、いつでも取り出せるところに保管しておくと便利ですよ。

会社員の人は、「事業所登録申請書兼第2号加入者に係る事業主の証明書」を会社に記入・捺印してもらう必要があります。総務の人などに相談してみてください。

必要書類が揃ったら、返送します。

あとは、金融機関側の手続きが完了すると、「口座開設のお知らせ」や専用のパスワードなど必要な書類が届きます。手続きが完了するまで1ヵ月以上の時間がかかると、「iDeCo熱」が冷めてしまっていることもあります。届いたら、すぐに内容を確認して放置だけは避けましょう！

もし、ステップ2の「金融機関決め」で悩んでいるなら、複数の会社から資料を取り寄せて検討してみるのもアリ。ただ、「請求しすぎて余計にわからなくなった！」という話もよくあるのでご注意を！

STEP 4 運用先を見つける
損したくないなら、投資はせずに定期預金が○！

最後に年金の運用先を探していきます。運用の対象は自分で選ぶことができます。途中で運用先も毎月の掛け金も切り替えることができるので、まずは始めてみることが大切です。

iDeCoでは、運用の対象は「元本確保型」と「元本変動型」の2つに分かれています。元本確保型は、定期預金や保険といったあらかじめ決められた金利で運用していくタイプ。そのため、基本的に元本が減ることはありません。

元本変動型は、投資信託（P90参照）で運用します。こちらは、元本変動の名の通り、増える可能性もあれば、減ってしまう可能性もあります。

「それじゃあ、どれを選べばいいの？」と疑問に思った人、いますよね。

減らしたくない人は、「元本確保型の定期預金」を選びましょう。この定期預金は、銀

運用先はどっちにする？

行で取り扱っている定期預金と同じ仕組みで、満期時には、元本と利息が確保される商品です。そのため、減らすことなく確実に資産をつくり上げることができます。もちろん、定期預金を選んでも節税効果は同じです。

ただ残念なのは、今の日本の定期預金金利はほとんどゼロ。また、手数料分が利息で回収できないので、節税分のメリットはありますが、額面上はマイナスです。「金利は期待できなくても、こわさなしで、税金の還付を受けたい！」そんな人は、定期預金が◯！です。

リスクがあっても増やしたいなら「元本変動型」を

ゼッタイ！　減らしたくない人には定期預金はオススメですが、「元本変動型も気になる」という人もいるかもしれません。iDeCoで購入できる元本変動型の金融商品は、投資信託のみとなります。

投資信託ってなに？

投資信託（ファンドともいいます）とは金融商品のひとつで、多くの投資家からお金を集めて、プロの投資家が運用するというもの。ただし「プロに任せているから絶対に増える!!」というわけではありません（ガッカリしないでくださいね　笑）。市場の状況に応じて株式などの価格は日々変動するため、投資に「絶対」は存在しません。絶対増えるわけではないのに、なぜ投資をするのかというと「増える楽しみがあるなら、やってみたいな」と考える人もいるからです。

投資信託のイメージ

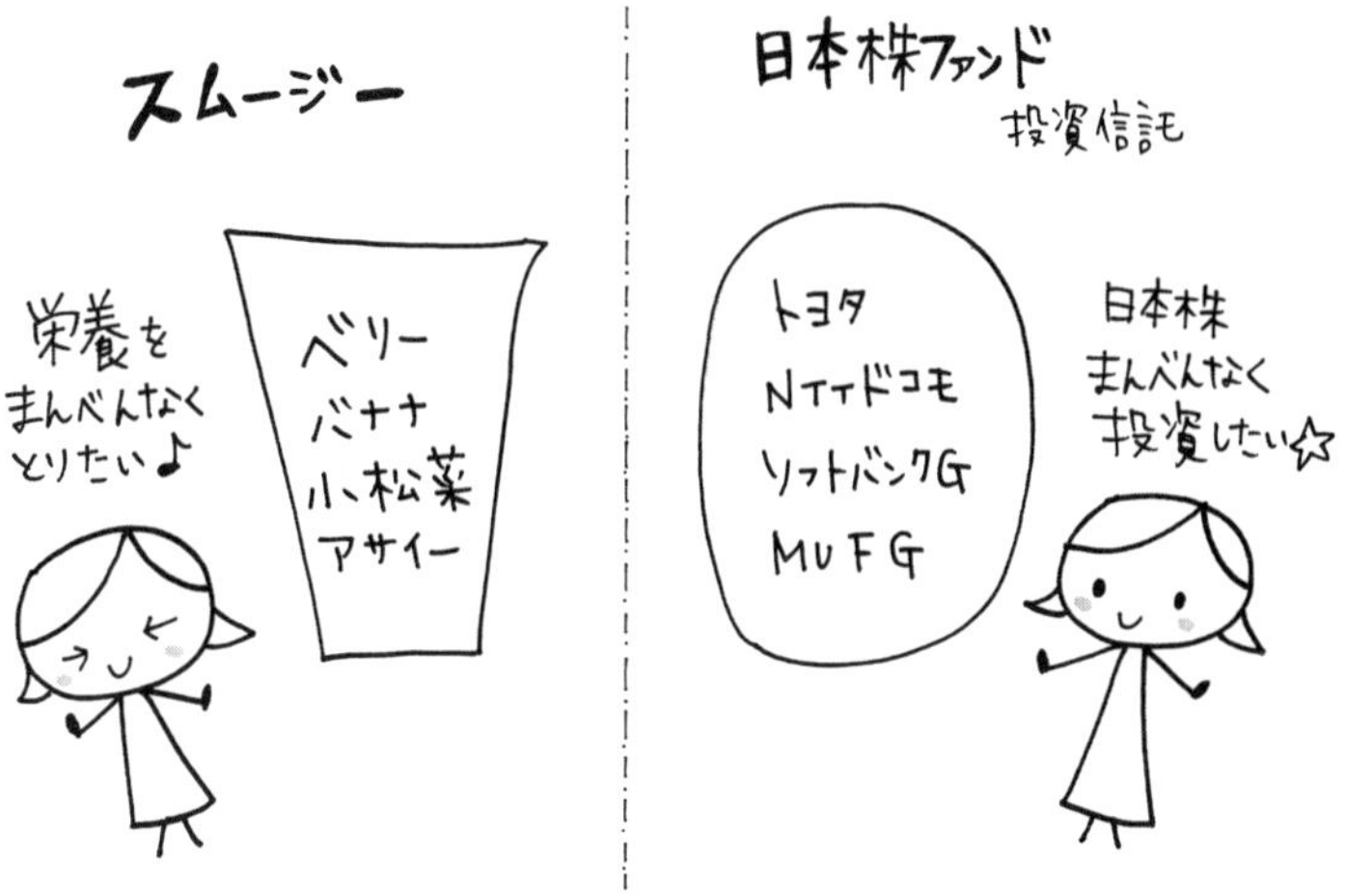

そもそも投資信託などの金融商品がむずかしく感じる原因は「目に見えない（形がない）から」かなと感じています。投資信託を理解するには、こんなイメージをしてみてください。

投資信託って「スムージー」に似ています。スムージーはいろんな果物や野菜が入っていて、手軽に栄養がとれて便利です。「美肌のために、ベリーが入っているのにしよう」とか、「野菜不足だからグリーンスムージーにしようかな」と考えたりしますよね。

投資信託も、「値上がりを重視したいから株式、これからは世界の市場がより魅力的だから外国にしよう」とか「安定したものがいいから債券、そこまで大きなリターンは期待しないから日本国内にしよう」などと考え、プロが複数の株式や債券を組み合わせた商品から選んでいきます。

一方で、単体の株式や債券などへの投資は、りんご100%ジュースとか、オレンジジュースのような単体の栄養をとるようなものをイメージしてみるとわかりやすいです。

投資信託のカテゴリー

投資信託の投資の対象は、大きく2つのカテゴリーから成り立っています。それが「地域」と「資産」です（P93の表を参照）。

地域とは、日本、アメリカ、オーストラリアなど「どこの国（地域）に投資をするか」です。個別の国に焦点をあてることもありますし、「先進国・新興国」など地域や経済水準でカテゴライズすることもあります。

資産は、「株式・債券・不動産（REIT《リート》）・商品（石油・金など）」など「どの資産に投資をするか」です。これらを組み合わせて、「どこの国（地域）の、どの資産に投資をするか」を考えて、投資していくことになります。

投資信託の「資産」とは

株式

個別の会社に投資して、その会社が成長すれば株価が上がり、投資成果が得られる。

債券

国や自治体、会社にお金を貸してあげる。お金を貸しているので、その利子を受け取ることができる。

不動産（REIT）

投資家から集めたお金で不動産を保有し、投資家には賃料収入や利益を分配してくれる、投資信託の一種。

投資信託のカテゴリー

		地域		
		日本	先進国（除く日本）	新興国
資産	株式	日本の株式	先進国の株式	新興国の株式
	債券	日本の債券	先進国の債券	新興国の債券
	不動産（REIT）	日本のREIT	先進国のREIT	新興国のREIT
	バランスファンド	それぞれの地域や資産をバランスよく投資するタイプ（たとえば、日本株25%・先進国株25%・日本債券25%・先進国債券25%が組み入れられているタイプ。組み入れの比率は、商品によってさまざま）		

方向性は自分で決めて、そのテーマに合った個別の投資先はプロが選んで運用するイメージです。テーマとは、「美肌になれる栄養とりたいな」と、決めるようなものです。

投資信託のひとつ、バランスファンド

ただ、そのテーマも「何がいいかわからない」と迷ってしまう人は、「バランスファンド」と呼ばれるものを選ぶのがオススメです。**バランスファンドは、それぞれの地域や資産をバランスよく組み込んでいる投資信託**です。たとえば、「日本の株も債券も、海外の株も債券も、全部投資の対象」というようなものです（P93の下の表を参照）。

バランスファンドについては、まず2つのことを知っておいてください。

- **債券より株式の方が値動きの幅が大きい**
- **為替の変動があるため、国内よりも海外への投資のほうが値動きの幅が大きい**

バランスファンドは、投資先がまんべんなくある「日本株25%・日本債券25%・海外株

バランスファンドの種類

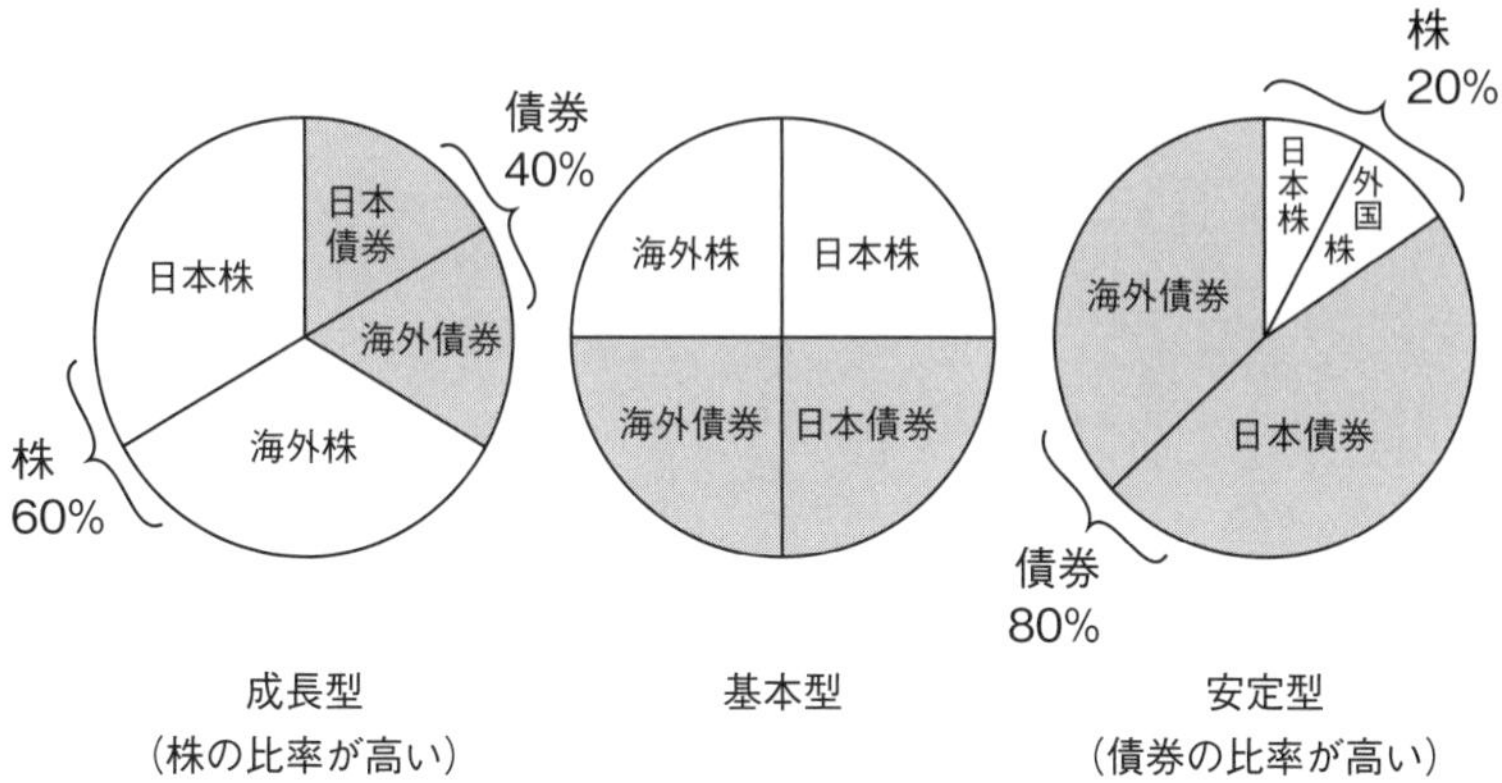

25％・海外債券25％」を基本型として、株式がより多いものは「成長型」、債券がより多いものは「安定型」などと呼ばれています（上の表を参照）。また、8つの資産対象に分散して投資する8資産、資産配分を相場環境で自動的に見直してくれるタイプなど、いろいろな応用バージョンがあります。

バランスファンドを選ぶときは、「中身にどんな地域のどんな資産がどんな割合で入っているか」をポイントにします。詳しい選び方は、P101で説明します。

知っておくべき、投資信託の考え方

投資信託を理解する上で、かかせない知識があります。それが、アクティブ型とパッシブ型という、運用スタイルについてです。

アクティブ型とパッシブ型

投資信託は、投資する資産の種類や地域など、投資の対象によって分かれますが、別の視点では「アクティブ型」「パッシブ型」に分かれます。

アクティブ型とは、ベンチマーク（目標とする指数、たとえば日経平均株価〈※〉など）を上回ることを目指して運用するスタイルです。「上回るならいいな」と思うかもしれませんが、あくまでも「目指している」のであって、絶対に上回るというわけではありません。

※日経平均株価とは、日本を代表する225社の平均株価。

一方、**パッシブ型とは、ベンチマークとする指数に連動させて運用を行います。**日経平均株価がベンチマークなら、日経平均株価に連動するように価格が動きます。

パッシブ型の運用方法の投資信託は一般的に「インデックスファンド」と呼びます。パッシブよりも、「インデックスファンド」のほうがよく耳にする言葉です。パッシブ型は、シンプルな手法のため運用管理費用は安く、アクティブ型は、さまざまな調査などにコストがかかるため、パッシブ型と比較すると運用管理費用が高めです。

この視点で投資信託を見てみると、日本の株式に投資する場合でも「日経平均株価以上の成果を目指すタイプ（アクティブ型）」と「日経平均株価に連動するタイプ（パッシブ型）」に分けることができます。

初心者さんには、シンプルで手数料が安いパッシブ型（インデックスファンド）がオススメです。

分散投資

もうひとつ、投資信託をする上で大切な、「分散投資」という考え方があります。**「ひと**

分散するとリスクに備えられる！

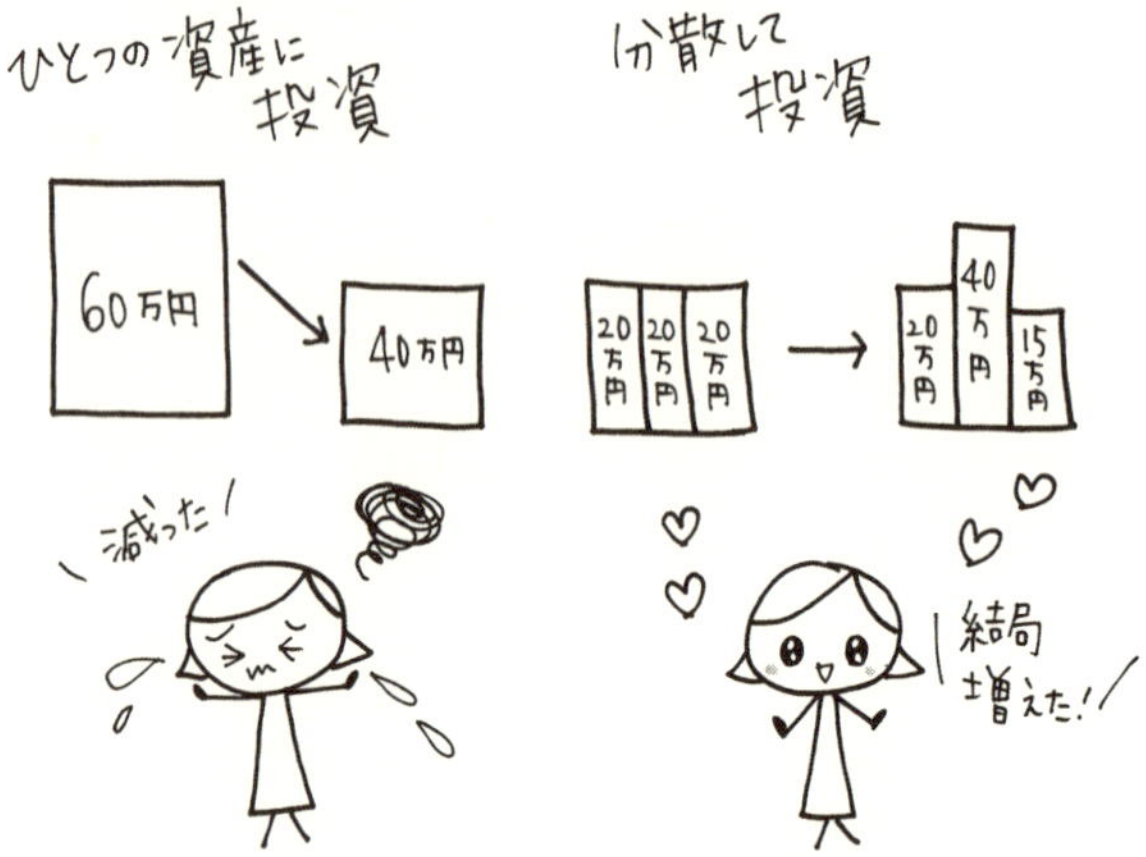

分散投資すれば収益のブレを抑えられる

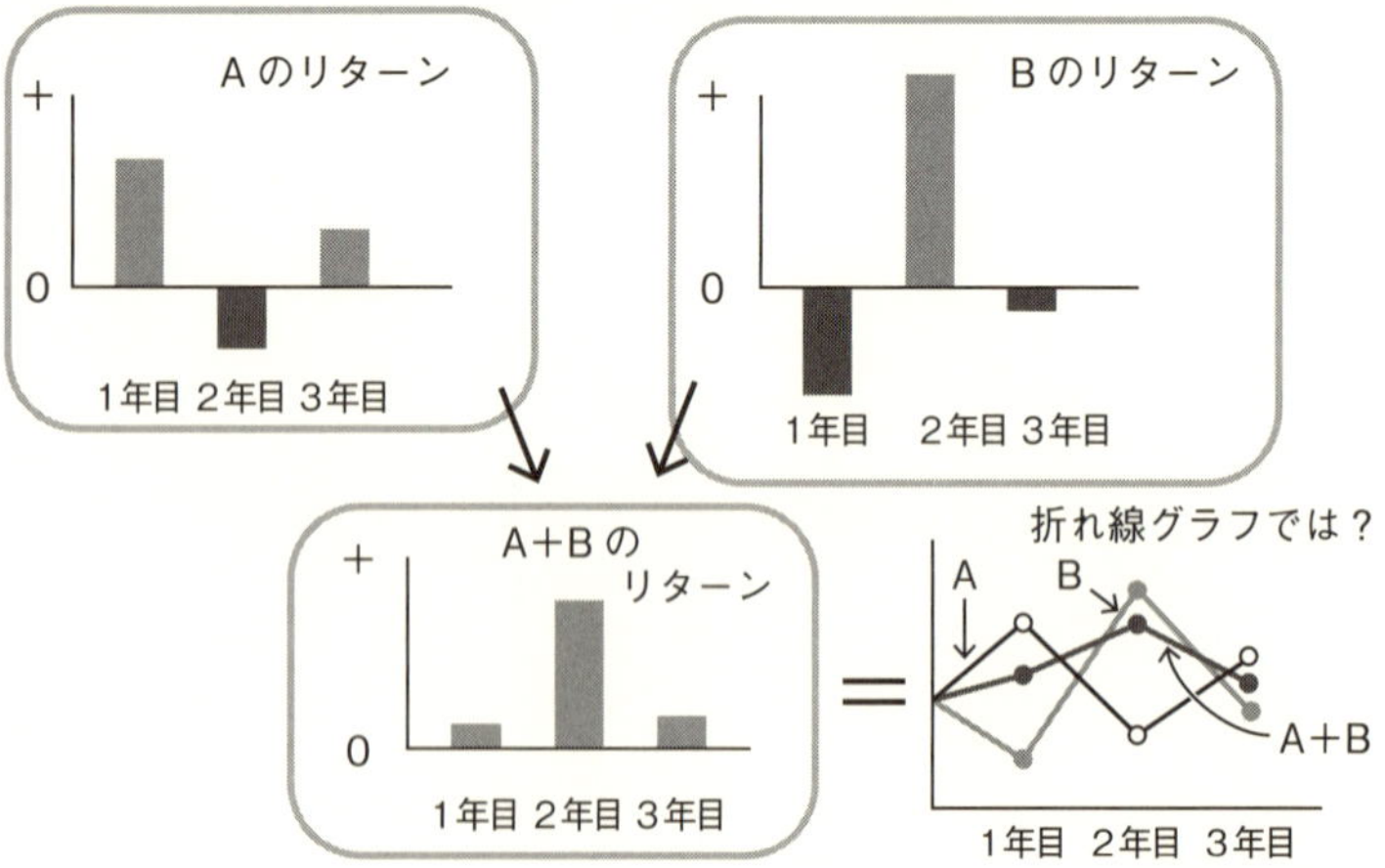

AとBを合わせれば、結果として損失を抑える効果が期待できる。

つの資産にまとめて投資するよりも、異なる値動きをする複数の資産に分けておいたほうが、リスクを軽減できる」という考え方です（P98の図と表を参照）。

投資信託は、プロが運用してくれること以外にも、私たち自身でできる工夫をすることで、リスクを減らすことができます。その工夫が、長期・分散・積み立て。私たちにとって長期で分散投資することが、投資をする上で大切なポイントです。iDeCoや、第3章で紹介するつみたてNISAは、分散投資を活用できるのがいいところです。

分散する対象として、「資産の分散・地域の分散・時間の分散」があります。

まず、「資産の分散」。株式・債券・REITなどの資産は、すべて同じ値動きをしているわけではありません。値動きの異なる複数の資産に分散することで、価格の変動幅を小さくすることができます。

「地域の分散」は、投資先の地域を分散させて、より世界の成長の利益を得ることを目指したり、値動きが異なる通貨を分散させて、価格の変動幅を小さくしたりします。

資産と地域を分散しているのが、バランスファンドです。

分散するポイントは3つ

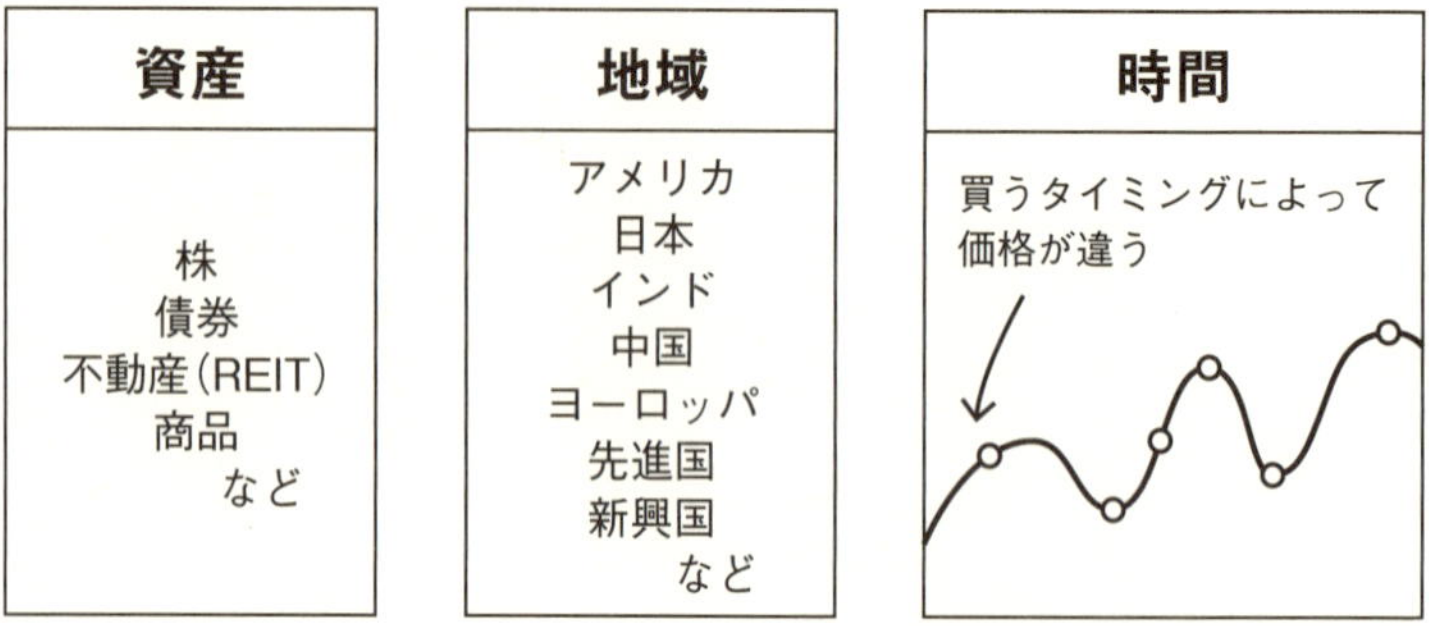

資産	地域	時間
株 債券 不動産(REIT) 商品 　など	アメリカ 日本 インド 中国 ヨーロッパ 先進国 新興国 　など	買うタイミングによって価格が違う

分散投資は、予測できない価格の動きの影響を軽減する効果がある。

「時間の分散」は、投資するタイミングをずらす方法です。市場は常に動いているため、価格も常に動いています。上手くタイミングが取れて安い値段で買うことができればいいのですが、それはとてもむずかしいことです。そのため、複数回に分けて投資することで、予測できない値動きの影響を少なくし、価格を均等化する効果があります。

iDeCoの対象になっているバランスファンドは、資産・地域を分散する働きがあり、毎月積み立てることによって時間の分散もできるのです。

初心者さんにオススメの元本変動型は？

初心者さんが元本変動型を選ぶときには、2つの視点を持ちましょう。

1. シンプル投資 or 効率投資
2. 自分のリスク許容度

1つめの視点、シンプルか効率かですが、シンプルがいい人は、インデックスファンドがオススメです。なぜなら、**インデックスファンドは市場に連動するように設定されているので、値動きの理由がわかりやすい**からです。iDeCoで、元本変動型を選ぶと必ずプラスになるわけではなく、長い運用期間のあいだには、損失がでている時期も、もちろんあります（そもそも、手数料が積み立てているお金から引かれているので、マイナスからのスタートです）。そのため、「今、どんな理由で資産がプラス（マイナス）なのか」がわかれば、不安になることはありません。たとえば、日経平均株価に連動するインデックスファンドを積み立てていて、資産状況がプラスなら、日経平均株価を確認したり、日本株のニュースをチェックすることでその理由がわかります。

手軽に効率よく投資をしたい人は、インデックスファンドの中でもバランスファンドを。**バランスファンドは、投資の対象である資産の分散や地域の分散をひとつのファンドで行うので、効率的に分散投資ができます。**ただし、バランスファンドの価格にはすべての資産の値動きが反映されるので、詳しい値動きの理由は、運用報告書などを読まないとわかりません。また、**プロが分散投資を考えてくれている分、コストが高いなどのデメリットも。**

コストを安くするなら、自分で資産のバランスを考えたり、手続きの手間はかかりますが、単体のインデックスファンドを複数購入すれば、「自分バランスファンド」を作ることができます。

ちなみに、私は値上がりが好きなので（笑）、日本株式、先進国株式、新興国株式の3つのインデックスファンドを購入して、「自分専用バランスファンド」にしています。

2つめの視点は、自分のリスク許容度を考えることです。リスク許容度とは、「自分がどのくらいのリスクを受け止められるか」という考え方です。もし自分が投資をしたら「投資期間中に資産が目減りしても気にならないのか、それとも、目減りはすっごく気になるのか」をイメージしてみるとわかりやすいです。

目減りが気になるなら「ハイリスク・ハイリターン」は避けたほうがいいですよね。投資信託は、インターネットで検索すると、過去の運用データが出てきます。過去のデータをみて「設定来高値（運用が始まってから一番高い価格）」「設定来安値（運用が始まってから一番低い価格）」をチェックして、買った投資信託が過去の一番低い価格まで下落したとイメージしてみてください。その金額に耐えられなければ、耐えられる範囲で投資先を考え直しましょう。自分に向いている投資信託は、Ｐ１０４の表で確認できます。

自分のリスク許容度に合わせて投資信託を選ぼう

		～シンプル投資～ 手数料が安い **インデックスファンド**	～効率投資～ 手数料がかかっても おまかせで 分散投資ができる **バランスファンド**
リスク許容度	**高い**	海外の株式インデックスファンド (為替の影響を受けるもの・世界株式が対象のものなど)	株式の比率が高い バランスファンド
	普通	日本の株式インデックスファンド (日経平均株価に連動するものなど) 海外の債券ファンド (為替の影響を受けるもの・海外の債券指数に連動するもの)	資産が均等に4分割や 8分割されている バランスファンド
	低い	日本の債券に投資する インデックスファンド (日本の国債が対象のものなど)	債券比率が高い バランスファンド

STEP 5 定期的にチェック ライフスタイルに合わせて見直しを

女性は、結婚・子育てなどライフスタイルに応じて、働き方が変わることもあります。また、住宅を購入して毎月の支出が増えた……なんてことも、ありますよね。**人生の節目ごとに積み立てる金額や内容を見直すことも心掛けておきましょう。**たとえば、結婚して共働きだからお金に余裕がある、そんな状況なら夫婦二人でiDeCoを利用する（節税効果は倍！）。子どもが大きくなって教育費がかかるようになり、余裕がなくなってきたら、月々の積立金額を減らす。そんなふうに、自由自在に変更することができます。

また、**運用の配分も切り替えができるので、今は減らしたくない元本確保型でも、投資に興味をもってきたら、積み立て先を元本変動型に配分変更する**……そんな選択もできるんです（配分変更には手数料はかかりません）。一度決めたからといって、ガンコに同じプランを何十年も続ける必要はありません。生きていれば、生活の状況も価値観も変わることが多くありますから、柔軟に対応していきましょう。

iDeCoのQ&A
モヤモヤを解決します！

Q1　途中でやめることはできますか？

A　原則、60歳まで引き出すことはできません。ただし、途中で金額を変更する、運用先を変える、毎月の積み立てを取りやめるなどはできます。このような方法を利用して、ライフプランの変化に対応していきましょう！

Q2　金融機関は途中で変更できますか？

A　はい、できます。ただし、手続きに手数料や時間がかかったり、投資信託で運用している場合は、変更先の金融機関に今持っている投資信託と同じ商品がないと、その投資信託を売却して別の商品を買い直す必要があるため、少々複雑です。まずは変更をしないつもりで金融機関を決めるほうがいいと思います。

Q3 専業主婦もiDeCoをできますか?

A 専業主婦でもiDeCoは利用できます。ただし、税額控除（税金の還付）はないので、所得のある人と比べるとメリットは少なくなってしまいます。ご主人と合算して税額控除を受けることはできません。

Q4 何もしなくても税金は還付されますか?

A いいえ、毎年の手続きが必要です。ただし、めちゃめちゃカンタンです。

・会社員などお給料収入がある人で、自分の口座から振り替えている人

毎年10月頃に国民年金基金連合会から証明書が届きます。その証明書を年末調整のときに、「給与所得者の保険料控除申告書」（P109参照）に添えて会社に提出します。

・会社員など給与収入がある人で、お給料から天引きしてもらっている人

会社が手続きをしてくれます。

・フリーランス、自営業など第1号被保険者の人

確定申告をしていると思うので、「確定申告書」の「小規模企業共済等掛金控除」の欄に支払った金額を記入して（P110参照）。添付する書類は、毎年10月頃に国民年金基金連合会から届く証明書です。

会社員の年末調整に必要な「給与所得者の保険料控除申告書」

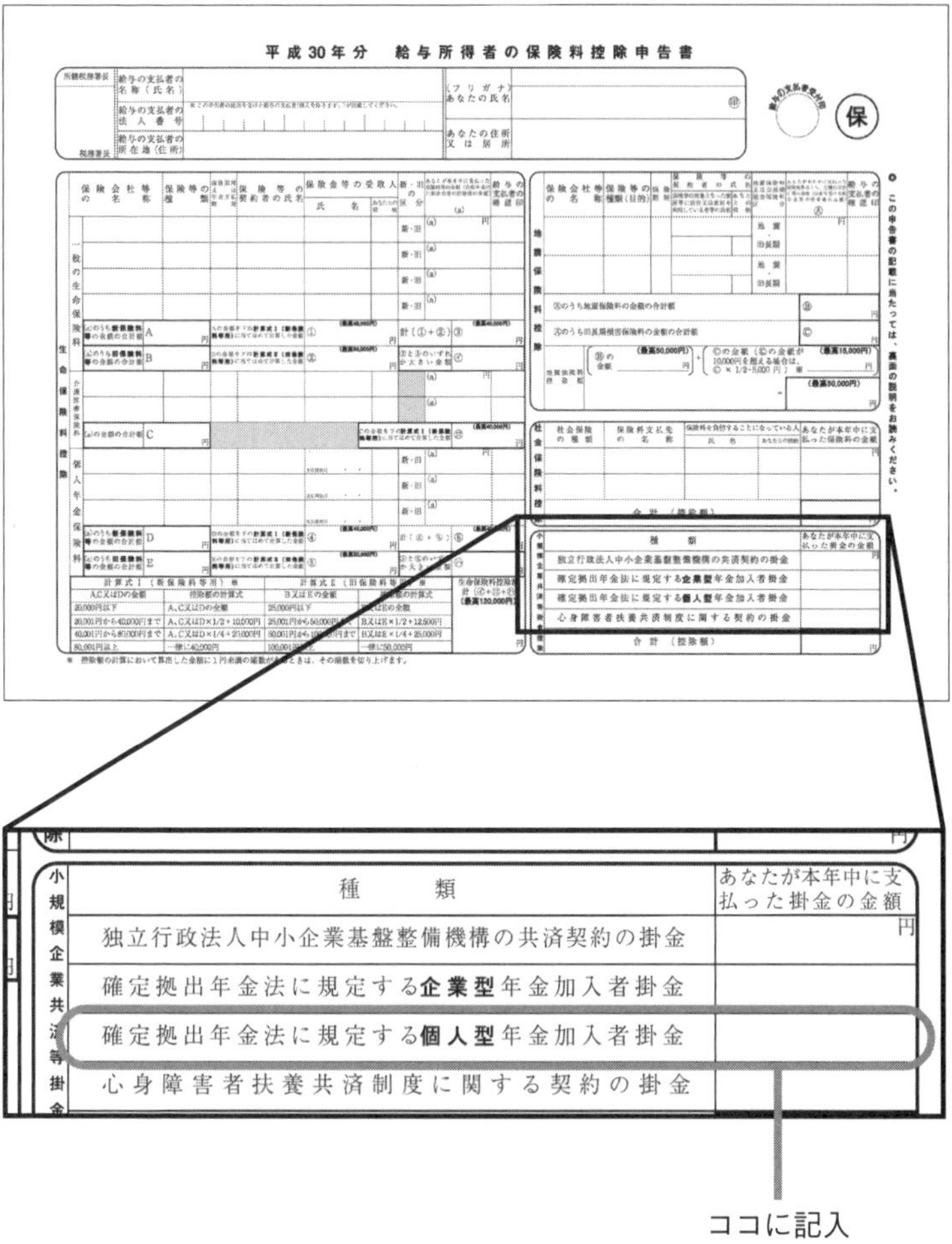

フリーランス、自営業の人の「確定申告書」

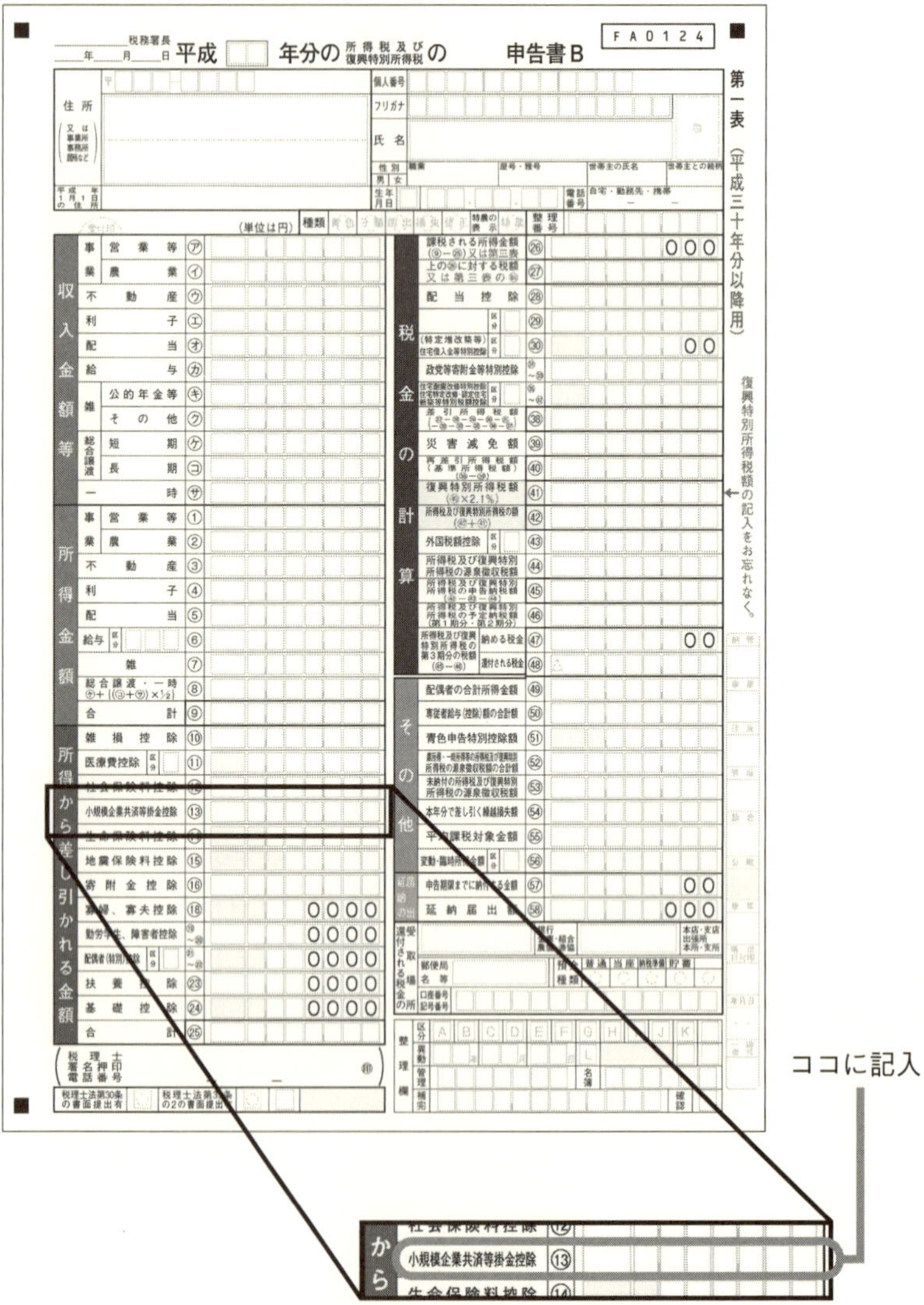

第3章

忙しい女子が投資デビューするなら

NISAを味方に！

スキマ時間でOK！カンタン5ステップでNISA《ニーサ》を始めよう

CASE 3

C子の場合

「平日は仕事に家事に、休日は趣味、美容メンテに大忙し。気がついたらすぐ一週間が終わっちゃう。今までは、なんとなく貯金できてたけれど、これからもこのまま今の生活が続くとは限らないよね。将来のためにお金のこと少しは考えた方がいいのかな。**忙しいから自分にはできないと思っていたけれど、カンタンに始められるなら投資をやってみるのもいいかも……**」

C子さんのように、忙しい人でも始められる資産運用の制度が「少額投資非課税制度（NISA）」です。時間がなくても、5ステップで始めることができます！

DATA

C子 28歳・既婚・夫と二人暮らし・商社勤務（事務）

年収：480万円

貯蓄：300万円
（夫に内緒の貯金が別に200万円）

家計費：月8万円

CASE 3

とにかく忙しいから“カンタンにできる投資ならしたい”女子

NISAがオススメ！

仕組み

税金ゼロは見逃せない！　NISAって何？

こんないい制度、使わないともったいない！

投資を始めるなら何からする？　私のオススメはNISA（ニーサ）です‼　NISAは、投資初心者さんに絶対に利用してもらいたい制度。なぜなら税金が優遇されるからです。

一般的に投資で利益が出ると、利益に対して約20％の税金がかかります。でも、**NISAを利用すれば、利益に対してかかる税金は、なんとゼロ。税金はかかりません。**そのため、効率よく資産を運用できるんです。

投資初心者向けのセミナーで「NISAを知ってる人？」と聞いても手が挙がるのは、だいたい1割。知らないなんてもったいない。「初心者さんは、とにもかくにもNISA

を始めてください！」と、伝えています。

この制度がどれほどいい制度なのかというと、たとえば投資で得た利益が5万円だとします。税金がかかる取引をしていれば、この5万円のうち約1万円は税金として納めることになります。手元に残るのは4万円です。ですが、NISAを利用して取引をすれば、この1万円も利益としてまるまる受け取ることができるんです!!

たとえば、今から利回り3％の投資信託を毎月1万円、20年間運用したとしましょう。その結果このお金は328万円になっていて、そのうち元本は240万円なので、運用益がおよそ88万円です。普通なら、この88万円に対して約20％の税金がかかるので、17万6000円を税金として納めることになります。それが、NISAを利用すると税金ナシの0円です。普通は利益が増えるほど、税金として納める金額も増えてしまいます。そう考えると、やらないより、やったほうがトクですよね！

NISAの種類は2つ

NISAには、「一般NISA」と「つみたてNISA」の2種類があります（ちなみに、ジュニアNISAという子ども向けの制度もあります）。一般NISAとつみたてNISA、2つを併用しての利用はできないので、どちらか一方を選ぶ必要があります。

どちらを選んでも利益に対して税金がかからないなど基本的な考え方は変わりませんが、**「非課税の期間・対象商品・非課税の限度額」に違いがあります。**それぞれいいところがあるのでP117の表を参考に、自分に合ったほうを選んでみてくださいね。

一般NISA

幅広い商品を投資の対象にしたい人や、自分のタイミングで投資をしたい人向けです。

一般NISAは、投資した年から5年間（手続きをすれば最大10年）が非課税の期間です。投資の対象商品は、株式・投資信託・ETF（上場投資信託）・REIT（不動産投資信託）など、幅広く購入することができます。**非課税になる購入金額は、1月1日〜12**

一般NISAとつみたてNISA

	一般NISA	つみたてNISA
対象者	20歳以上の成人	
口座数	一人1口座	
非課税期間	5年間（最大10年）	20年間
対象商品	株式、投資信託、ETF、REITなど	一定の要件を満たす投資信託、ETF
非課税限度額	年間120万円（合計600万円）	年間40万円（合計800万円）
投資可能期間	2023年12月末まで	2037年12月末まで
買い方	一括、積み立て	積み立てのみ
特徴	投資対象、買い方など自由度が高い	要件を満たす投資信託に長期間投資できる

月31日の1年間で120万円まで。5年間で最大600万円分の投資ができます。1年間の投資額が120万円分に満たなくても、翌年に持ち越すことはできません。買い方は、自分のタイミングで一括で買うことも、積み立てを利用することもできます。

つみたてNISA

その名のとおり、積み立てしながら投資をする人専用の制度です。投資初心者の人は、つみたてNISAの利用がオススメです。積み立てながら投資をするメリットは、タイミングが分散でき、利益を出しやすいことなんです。

長期・積み立てを前提としているため、**非**

課税期間は投資した年から最大20年。また、対象商品はつみたてNISAで買うことができると国がOKを出した投資信託・ETFのみ。そのため、長期投資に向いている投資対象があらかじめラインナップされていて、選びやすいという特徴があります。国のOKの基準は、購入時の手数料が0円、保有期間の手数料も安いことなど。**非課税の投資限度枠は、年間40万円で最大800万円までです。**

知っておくべきNISAの注意点!!

NISAには、損益通算ができないというデメリットがあります。少し上級者向けになるのですが、大切なことなので確認しておきましょう。

損益通算とは、複数の商品に投資し、損失が出たときにほかの商品の利益と相殺することをいいます。NISAは、それができないのです。すなわち、NISAは利益がでないとメリットのない制度でもあります（P150参照）。

また、NISA以外の一般の投資用の口座では、損が出たら確定申告をすることで損失を3年間繰り延べできる制度もありますが、そちらも利用することはできません。

女子的魅力

非課税でおトクなうえ、投資スキルも身につく

それでは、ＮＩＳＡの女子的魅力５つを見ていきましょう！

1 むずかしく考えずに始めることができる

「投資ってむずかしいんじゃないかな……」そう思って敬遠している人もいるのではないでしょうか。ですが、この投資の制度は、むずかしいわけではありません。**自宅にいながら、カンタンに手続きすることができます。また、手元資金が少なくても始めることができるのも魅力。**毎月少しずつ試してみたい人にもピッタリです。

また「何から始めればいいのかわからない」という人にもＮＩＳＡはオススメ。特に、〝つみたてＮＩＳＡ〟を利用すれば、数ある金融商品の中であらかじめ国が定めた基準をクリアした投資先から選べるため、初心者にもハードルの低い制度になっています。

むずかしいことニガテな女子にイチ推しです！

2 利益が非課税って最強!!

利益に税金がかからないといわれても、ピンとこない人もいますよね。たとえば、消費税が8%でも高いと思う中、投資の税金が20%とはすごく高い!! 1万円の利益に対して2000円。10万円なら2万円です。だから、課税されないのは大きなメリット。自分のお金は、少しでもトクしたいと思いませんか? さらに、**20歳以上は全員非課税枠を持てるので、家族でNISAすればさらにおトクです。**

3 お金の価値観が変わる

投資を始めると見える世界が違ってきます。日々の変動に一喜一憂する必要はありませんが、「なんで、持っている商品の値段が上がったんだろう?」「これからどんなところにお金が集まりやすくなるのか?」と世の中に興味がわいてきます。

「周りに投資している女子がいないから……」と不安になっている人も安心してくださ

い。それは、出会っていないだけ。投資を始めると、話題も幅広くなるためいろんな人と関わることができます。よく聞くのは、「経済専門の番組を見るようになった！」とか、「今まで経済系の雑誌は読んでなかったんですが、あれってめっちゃおもしろいんですね！」といった声ですよ。

4 長生きに備えることができる

人生100年時代、とまではいかないとしても、女は長生きする生き物。「投資を始めるきっかけは、将来が不安だから」という女子も少なくありません。

でも、これはとても正しいことで、**投資をして資産を築き上げておけば、どれだけ長生きしても安心して生活していくことができます。** また、投資の経験は積み重ね。60歳になって始めても上手になれるかといえばハテナマークがつきます。少額から始めた投資でも、時間をかければ経験と知識が身につきます。

経験さえあれば、いつか受け取るであろう大きなお金（退職金とか、遺産とか⁉）の運用先も自分で判断することができるようになります。 そんな大事な場面で、いきなり「えいや！」で投資するのはそれこそこわい。だから、少しでも早いうちに始め、コツコツと続けるのが一番いいと思います。投資スキルが、将来にわたって役立ってくれることは間違いありません。あと、投資をやっているおじいちゃん、おばあちゃんを何千人も見てきましたが、みなさんめっちゃ投資を楽しんでいて元気です。

5 株主優待を利用すれば、ちょっと幸せが増える

ここからは、ちょっと玄人向け。一般ＮＩＳＡの活用術です。一般ＮＩＳＡは、投資信託だけではなく、株式投資も投資対象なのが魅力です。**ＮＩＳＡで買える範囲の金額で株主優待を採用している会社に投資をすれば、お金を増やすだけではなく、株主優待として会社の製品などをもらえたりします。**

たとえば「サニーサイドアップ」って会社、知っていますか？　ここ、世界一の朝食で有名なレストラン〝ｂｉｌｌｓ〟を運営している会社なんです。この会社の株主優待は、ｂｉｌｌｓのパンケーキやドリンクのチケット。ＮＩＳＡを上手く活用すればこんな楽しみ方だってできちゃうんです。株主優待が届いたときのちょっとした喜び、ぜひ感じてみ

てほしいです♡

すごく魅力的な株主優待ですがなぜ玄人向けかというと、**個別株を選ぶには会社の事業内容や業績など、勉強する必要があるからです。上手に銘柄が選べないと、大きく資産が減ってしまう可能性も。**ただ株式投資には、投資信託など他の投資対象にはないおもしろみもあります。「やってみたい！」と思ったら株式投資、目指してみてくださいね。

女子的魅力まとめ

1. むずかしく考えずに始めることができる
2. 利益が非課税って最強!!
3. お金の価値観が変わる
4. 長生きに備えることができる
5. 株主優待を利用すれば、ちょっと幸せが増える

目的

将来の資産を形成して自分レベルUP!!

投資メガネを手に入れれば、新しい世界が見える

私たちは、まだまだ自分をレベルUPすることができます。投資は、お金を増やす以外にも、私たちにさまざまな変化をもたらしてくれるのです。投資を通じて、資産形成だけではなく、知的美人も目指していきましょう!

私は10年以上、投資に携わる生活を送っていますが、投資に出会っていなかったらと思うと、ゾッとします。投資のメガネをかけた日から、投資を通じて世の中を見るようになり、今まで見えていなかったことを発見できるようになりました。**「これからどんな産業が発展するんだろう?」と気になったり、10年、20年先の社会のことを想像したりします。これから起こることを想像する力はリスクヘッジになり、自分の身を守ってくれます。**

投資メガネを手に入れたことによって、自分でしっかりと判断できるようになったし、自分に自信も持てた。会社にしばられないのびやかな自分になることだってできたんです。知識や考える力は、最後には自分の資産となります。**投資による資産形成は、お金と自分、ダブルの成長を手に入れることができます。**積み重ねた知識があれば、「何があっても生きていける、不安じゃない」と思えるようになるのです。

目標

お金の目減りをカバーする

「損をしたくないから何もしない」ほうが、実は損する現代社会☆

みなさんの話を聞いていると、投資をしない理由には「むずかしそう」のほかにも、「損をしたくないから」があります。「投資で1万円損するくらいなら、1万円のエステに行ったほうがよっぽどいい」、そんな声をよく耳にします。

たしかに、投資には〝絶対に増える確証〟はありません。減ってしまうこともあります。ただ、減ってしまうことだけに目を向けて始めないのは、機会損失。

また、現代のお金の世界は〝何もしない人が損をする〟、そんな世界になっていることを知っていますか？　お給料がアップしない中で、消費税は上がっていくし、これからは物価も上がる可能性がある。金利はつかない。これでは、実際に手元に残るお金はどんどん減ってしまいます。**何もしなければお金が知らない間に目減りしているのが、現代女子の直面している課題**なんです。ハイボール片手に「こんな世の中に誰がした」と嘆いていても、誰も助けてくれません。自分でなんとかしなくちゃならない。

そんな、お金の目減りをカバーしてくれるのが〝投資〟という方法です。損したくないからこそ、投資を始める。ＮＩＳＡは、これから紹介する5つのステップでかんたんに投資を始めることができます。

実践編

やってみよう！ NISA

NISA 実践のステップ

STEP 1 **【デビューする会社を決める】** 銀行とネット証券、どっちが好き？

STEP 2 **【買い方を決める】** 一括か、積み立てか、それが問題だ！

STEP 3 **【口座を開く】** 想像以上にカンタン！ 書類を出すだけ

STEP 4 **【投資先を選ぶ】** あなたの胸キュンな投資先はどこ？

STEP 5 **【資産を売る】** 利益を確定して、まるまるトクしよ☆

STEP 1 デビューする会社を決める

銀行とネット証券、どっちが好き？

はじめのステップとして、どこの金融機関に口座を開くかを決めましょう。NISAの口座は、すべての金融機関の中で1口座だけしか開設することはできません。

口座を開設する段階でいろいろと迷ってしまうこともあると思いますが、投資は人それぞれの考え方がある。だから、100%正しい答えなんてありません。**「今」の時点で自分にとってベストな選択肢を選び、始めることが何より大切なことなんです。もし、失敗したとしても途中で変更することはできます。**

みなさんは、初めてマスカラを塗ったときのこと、覚えていますか？　あのときも、使い方がわからずにドキドキしてたけれど、今は使いこなせていますよね。それこそ、友達やお母さんが使っていたマスカラから始めても、今では、自分の目で、ランコムがいいとか、クリニークがいいとか、資生堂がいいとか、選べるようになっている。投資も同じなんです。初めはわからなくっても、やっているうちに、使いこなせてくる。マスカラにロングタイプやボリュームタイプなどがあるように、投資にもいろんな種類があることがわかってくるんです。だから、まずは、ひょいっと始めてみましょう。

では、その口座はどこで開くのがよいのでしょうか。口座は、普段使っている銀行や、いつでも取引ができるインターネット専業証券で開くのがオススメです。

銀行

銀行は身近な金融機関であることが一番の特徴であり、メリットです。お給料が振り込まれる銀行でNISA口座を開設しておけば、管理面でスムーズ。インターネットバンキングを利用すれば、残高の確認やお金の移動もカンタンに行うことができます。

名義変更や住所変更などの手続きが必要なときも1ヵ所に届けるだけで済むため、**めんどうなことは極力減らしたい人向け。窓口で投資の相談ができるのもメリットです。**

ただし、銀行は株式・ETF・REITの取引ができないので、投資の対象は一般の投

銀行とネット証券、どっちがいい？

銀行	インターネット専業証券
□誰かに相談したい	□自分で判断ができる
□管理を楽にしたい	□コストは安く抑えたい
□投資先は投資信託でOK	□株式など幅広い投資をしたい

資信託のみになってしまいます。また、対面での取引は手数料が高いので、投資の手数料が気になる場合は、インターネット専用のノーロード（購入手数料無料）の投資信託を選ぶようにしましょう。

インターネット専業証券（ネット証券）

「数多くある商品の中から、自分で決めたい！」という人や「株式を買いたい！」という人は、ネット証券での口座開設がオススメ。**証券会社を利用するメリットは、幅広い商品が買えること。証券会社の口座なら、投資信託以外にも株式・ETF・REITが買えます。**将来、NISAを利用して幅広い取引をしたいと考えているなら、ネット証券を選びましょう。ネット証券なら、自分のペースで申し込みなどが進められます。

STEP 2 買い方を決める

一括か、積み立てか、それが問題だ！

開設する金融機関が決まったら、次はつみたてNISAと一般NISAのどちらにするか決めていきます。

つみたてNISA

毎月決まった金額を購入していく方法です。

投資初心者さんは、毎月決まった金額を買い続けていくほうが向いています。**この方法は、第2章のiDeCoでも出てきた時間分散を利用することができますし、一度手続きをしてしまえば、自分でやめるまで続けることができます。**忙しい人にとっても、便利な仕組みです。つみたてNISAでは、積立投資を毎月100円や1000円の少額から始めることができますし、つみたてNISAの非課税範囲で毎月3万3000円まで、自分の好きな金額で投資ができます。ですが、株式投資は対象外です。

代表的な金融機関のつみたてNISA比較

多い!!

		商品数			
		取扱本数	インデックスファンド	アクティブファンド	バランスファンド
ネット証券	SBI証券	150本	日本株:30本 先進国株:32本 新興国株:12本	日本株:5本 米国株:1本 欧州株:1本	69本
	楽天証券	150本	日本株:30本 先進国株:32本 新興国株:12本	日本株:5本 米国株:1本 欧州株:1本	69本
	マネックス証券	142本	日本株:30本 先進国株:32本 新興国株:12本	日本株:5本 米国株:1本 欧州株:1本	61本
大手証券	野村證券	6本	日本株:1本 日本を除く 世界株:1本	日本株:2本	2本
	大和証券	15本	日本株:6本 先進国株:3本 新興国株:1本	日本株:1本	4本
銀行	三菱UFJ銀行	12本	日本株:3本 先進国株:2本 新興国株:1本	日本株:2本 欧州株:1本	3本
	三井住友銀行	3本	日本株:1本 日本を除く 世界株:1本	なし	1本
	みずほ銀行	5本	日本株:1本 日本を除く 世界株:1本	なし	3本
	ゆうちょ銀行	8本	日本株:1本 先進国株:1本 新興国株:1本	世界株:1本	4本
	りそな銀行	4本	日本株:1本 先進国株:1本 新興国株:1本	なし	1本

2019年1月現在

本数少ないけど
バランスのいい
品ぞろえ

少なめ

つみたてNISAと一般NISA、どれを選ぶ？

つみたてNISA	一般NISA（積み立て）	一般NISA（一括購入）
□積立投資がしたい □投資額は年間40万円まで □投資先は投資信託 □厳選された投資先から選びたい	□積立投資がしたい □投資額は年間120万円まで □株式か投資信託をしたい □幅広い選択肢の中から自分で投資先を決めたい	□一括購入したい □投資額は年間120万円まで □株式か投資信託をしたい □幅広い選択肢の中から自分で投資先を決めたい □相場のタイミングを見て投資したい

ちなみに、一般NISAでも積立投資ができます。一般NISAでは、数多くの投資商品の中から、毎月10万円まで積み立てることができます。

一般NISA

投資のタイミングや金額・投資先を毎回自分で決めて購入する方法です。まとまった金額を投資できたり、株式・ETFなど多くの投資対象から選べるのがメリットです。

「おトクに投資できる期間が短くなっても、つみたてNISAの年間限度額の40万円よりもたくさんのお金を、非課税枠を使って自分のタイミングで投資をしたい」と考えている人は、一般NISAを利用しましょう。

STEP 3

口座を開く

想像以上にカンタン！　書類を出すだけ

口座の開設は、ネットでカンタンにできます。平日に休みがある人なら銀行の窓口に行ってても手続きはできますし、**ネットでの手続きは個人情報を入力するだけなので、スキマ時間でＯＫです。**一般の証券口座の開設は、金融機関によっては2営業日ほどでできます。

ほとんどの金融機関で必要なのは、本人確認書類、マイナンバー確認書類、印鑑などですが、詳しくは会社ごとに異なります。

ネットで口座を開いてみよう　～SBI証券の場合～

①お目当ての金融機関のホームページを開く
ネット証券・銀行ともネットで受け付けてくれます！　ネットより、銀行で直接申し込みたい人は、必要書類を持って銀行窓口へLet's go! 近頃は、休日に相談できる店舗もあります。今回はネット証券のSBI証券でやってみます。

②「口座開設」をクリックして、必要事項の入力・本人確認手続き
NISA口座を開設するときは、まず一般的な税金がかかる課税口座（一般口座もしくは特定口座）を開設することが必要です。

証券口座の開設ページを開いて、必要事項を入力していきます。マイナンバーの提示も必要なので、「通知カード」か「個人番号カード」のどちらかの画像データをアップロードします。

③口座開設完了通知書の受け取り
口座が開設されたら、口座の案内書類や口座番号、NISA口座開設のための申請書など大切な書類が郵送されます。

はじめに送られてくる書類は、大切なことが書いてあるため保管しておきましょう。

④NISA口座開設の書類を返送
③で送られてきたNISA口座開設の書類に必要事項を記入し、必要書類とともに返送します。

⑤ログインして取引開始！
NISA口座開設のお知らせメールが来たら、金融商品を購入して投資デビューです！

STEP 4

投資先を選ぶ
あなたの胸キュンな投資先はどこ？

それでは、はりきって投資先を決めていきます！

NISAを利用した投資先は、株式・投資信託・REIT・ETFなどがあります。ここからは、たくさんある投資対象の中で、一般NISAでもつみたてNISAでも投資ができる、投資信託を選ぶ方法をお伝えします。

決めるポイントは「手数料」「運用方針」「投資対象」です。手数料は安いもの。投資対象は自分が胸キュンなものを選びます。

POINT❶【手数料はなるべく安いものを】

株式投資も投資信託も、購入するときには手数料がかかります。特に、投資信託でNISAを始める人は、手数料の金額が今後の投資の成果に影響します。

投資信託の手数料は「購入手数料」「信託報酬」「信託財産留保額」の3種類あります。

投資信託の手数料の種類

	購入手数料	信託報酬	信託財産留保額
特徴	購入時にかかる手数料	保有期間中にかかる運用管理費用	売却時にかかる費用 投資信託に残るお金
無料はある？	○	×	○

それぞれの手数料は、商品ごとに定められているので一律ではありません。**初心者さんは手数料が安いものを基準に選ぶといい**でしょう。

購入手数料とは、購入時にかかる手数料です。習い事での入会費のようなもの。次に、信託報酬。これは、保有期間の運用管理費用です。こちらは、習い事の月謝のようなものです。

最後は、信託財産留保額。これは、投資信託を解約するときに必要なお金ですが、習い事なら、辞めるときに先生や仲間に配るお菓子のようなものでしょう。

これらの手数料は、銀行窓口よりもインターネットを利用して取引するほうが割安な場合があります。

購入手数料は、ノーロードと呼ばれる無料のものがあるので、まずはそのノーロード型の中から選びましょう。

信託報酬は、投資信託によってさまざまですが、0・2〜0・75%くらいのものが目安です。信託報酬が0・2%の投資信託を、1万円分20年間持っていたとします。その場合、総額の信託報酬は、400円です。もしも、信託報酬が1%なら2000円。この1%の信託報酬の投資信託を100万円分20年間保有していれば、総額は20万円にもなります。金額が大きくなればなるほど、この手数料はじわりじわりときいてきます。つみたてNISAは、信託報酬が1・5%以下のものが投資の対象として選ばれています。

解約時にかかるコストである信託財産留保額も、0円のものもあれば、かかる場合もあります。

第2章のiDeCoでも出てきましたが、手数料は、投資信託を持っているあいだ、ずーっとかかるコストです。同じような投資信託でも、手数料が違うこともよくあります。なるべく安いものを選択するのがよいでしょう。

POINT❷【初心者が選ぶべき運用方針は、インデックス☆】

次に、iDeCoの章の96ページで説明した「パッシブ型（インデックスファンド）」か

運用方針：パッシブ型とアクティブ型

	パッシブ型 （インデックスファンド）	アクティブ型
特徴	ベンチマーク（＊）と連動するリターンを目指す	ベンチマークを上回るリターンを目指す
手数料	安い	割高

＊ベンチマークとは

	株式	債券	REIT
ベンチマーク	・日経平均株価 ・TOPIX（東証株価指数） ・ダウ平均株価（米国） ・MSCIコクサイ・インデックス（日本以外の先進国）	・NOMURA-BPI（日本） ・シティ世界国債インデックス（除く日本）	・東証REIT指数 ・S&P先進国REIT指数（除く日本）

「アクティブ型」、どちらの運用方針でいくかを決めます。

初心者にオススメなのは、目標とする指数（ベンチマーク）に連動するインデックスファンド。アクティブ型と比べると手数料が安く、値動きがわかりやすいのでオススメです。

POINT❸【投資対象はリスクと成長性を考えて】

投資対象を決めるとは、「どの資産に投資をするか」を決めるということ。代表的

投資対象の種類

株式タイプ	債券タイプ	REIT タイプ
・国内株式 ・先進国株式 ・新興国株式　など	・国内債券 ・先進国債券 ・新興国債券　など	・国内REIT ・先進国REIT　など

値動きの幅の大きさは？

株式＞REIT＞債券
新興国＞先進国＞日本

な資産として、株式・債券・ＲＥＩＴ（不動産投資信託）があります。また、日本国内か海外か、海外でもどの地域か、また先進国か新興国かなども決めます（上の表を参照）。

値上がりしそうなものを選ぶ視点は、次の２つです。

・資産のリスク＆リターン
・成長性と安全性

「資産のリスク＆リターン」とは、値動きの幅のこと（上の不等式を参照）。大きさの順に、株式、ＲＥＩＴ、債券のイメージです。**高いリターンを狙いたいなら値動きのある株式ファンド、リスクを抑えたいなら債券ファンド。なかなか選べない人は、すべてをミックスしているバランスファンド**から始めるといいでしょう。

「成長性と安全性」ですが、長期投資を視野に入れ、その資産が**これから成長が期待できるジャンル・地域なのか**を考えます。また、投資対象として安心できる投資先かを確認しておくこともポイントです。**成長性は期待できるけど、政治が安定していないような国には、安心して投資できない**ですよね。

実際に投資信託《ファンド》を買ってみよう!!

投資先を選ぶポイントがわかったところで、実際にお目当ての投資信託を探して購入してみましょう。ここからは投資信託のことを〝ファンド〟とカタカナで呼んでいきますね。

インターネットで口座を開設したら、その金融機関のホームページでファンドを選んで購入することができます。ホームページの仕様は、それぞれの金融機関ごとに違うのですが、考え方は共通しています。

投資初心者さんは、見たことのない言葉が溢れているホームページなので最初は戸惑ってしまうかもしれません。でも、それも慣れれば大丈夫です。

まずは検索機能を活用

トップページから「投資信託」のページを開き、このSTEP4で決めた「手数料」「運用方針」「投資対象」を基準にして、投資したい対象を選びます。そこで利用するのが〝条件検索機能〟。条件検索は、直接言葉を打ち込んで検索するタイプや、キーワードを選んで検索していくタイプなどさまざまです。

たとえば、投資対象は「海外の株式」。購入手数料が無料の「ノーロード」で、「市場に連動するインデックスファンドがいいな♡」と決めたら、**「海外株式」「ノーロード」「インデックス」「NISA」などを検索ワードとして入力、もしくは、チェックボックスなどがあればチェックを入れます。**

このように、自分が投資したいと考えている対象から検索するケースや、ジャンル別

（カテゴリ別と表記しているところもあります）に購入手数料が0円のファンドだけを絞り込む方法をとっている金融機関もあります。

仮にSBI証券で検索した場合、「海外株式（国際株式）」に投資するファンドは678種類、三菱UFJ銀行なら68種類です（2019年2月現在）。取り扱っているファンドの数は金融機関によってさまざまですが、数が多くても少なくても検索方法は同じ。とにかく自分が考える投資対象により近いファンドに絞り込んでいくため、検索機能をフル活用します。

ファンド名を攻略する!

検索をかけると、「ひふみプラス」だの「ニッセイ日経225インデックスファンド」など、よくわからない言葉がずら～っと検索結果として出てきますが、ここでひるまなくて大丈夫!

私も投資初心者のころ戸惑ったのが、こうしたファンドの名前でした。ファンドには、それぞれ名前がついています。似たような名前だったり、ちんぷんかんぷんな名前だったり。そんな**ファンド名をカンタンに理解して選ぶ攻略法は、ズバリ！「ファンド名を分解する」こと**なんです。

このポイントを知っていると、5秒でファンドの投資内容をある程度、想像できるようになります。「このファンド名からして、自分が探しているものに近いな」と思ったら、そのファンドの詳細な内容を開いて見ていけばいいのです。

多くのファンド名は「運用会社名／投資先／投資のタイプ」の順で構成されています。

まず、〝運用会社〟、これはそのファンドを作っている会社のことです。会社名ではなく、その会社が手がけるファンドのシリーズ名が入っている場合もあります。

次に〝投資先〟ですが、これは国とか地域、投資の対象を表しています。ここは重要で、自分が投資したいファンドかどうかを判断するのにチェックすべき項目です。

〝投資のタイプ〟のところでは、インデックスなのか、アクティブなのか、バランスなのか、ファンドのタイプがわかります。インデックスファンドやバランスファンドは、〝インデックス〟や〝バランス〟などと略されていることが多いです。アクティブファンドの場合は、〝アクティブ〟と明記されていることは少なく、そもそも明記されていなかったり、グロース（成長株の意味）など、プロのファンドマネージャーが銘柄を選ぶ時流のテーマだったり、他の表現で記載されていることがあります。

それでは、レベル1☆のクイズです。

「eMAXIS日経225インデックス」とは、どんなファンドでしょうか？　チクタクチクタク……♪　はい、それでは、答えです。

これは「(三菱UFJ国際投信が手がける) eMAXISシリーズで、日経平均株価に連動したインデックスファンド」です。どうでしょう？　正解でしたか？

では、レベル2☆

「野村6資産均等バランス」とは、どんなファンドでしょうか？

……これは「野村（アセットマネジメント）という運用会社の、6資産に均等に投資をしているバランスファンド」です！

こう分解していくと、ファンド名も難しいものではないですよね。もし、この法則で読み取れない場合でも、詳しい内容が記載されているページを開けば、説明や運用の値動きなどを見ることができますよ。

ここまでは、インターネットでの投資先の探し方を見てきましたが、店舗がある金融機関で口座を開設したら、店舗で手続きをすることができます。目論見書、販売用資料と呼ばれるパンフレットで、内容・手数料などをよく確認して。

ただし、ノーロードファンドと呼ばれる購入手数料無料の投資信託はインターネット専用の取り扱いが多いため、窓口での購入はインターネットの取引と比較すると割高になってしまうこともあります。

主なノーロードファンド（手数料0円）

投資先	日本株			外国株		外国債券			バランス	
タイプ	インデックス			インデックス		インデックス			インデックス	
ファンド名	eMAXIS日経225インデックス	eMAXIS Slim国内株式（日経平均）	たわらノーロード日経225	eMAXIS Slim先進国株式インデックス	たわらノーロード先進国株	eMAXIS Slim先進国債券インデックス	ニッセイ外国債券インデックスファンド	ifree新興国債券インデックス	eMAXIS Slimバランス（8資産均等型）	たわらノーロードバランス（標準型）
運用会社	三菱UFJ国際投信	三菱UFJ国際投信	アセットマネジメントOne	三菱UFJ国際投信	アセットマネジメントOne	三菱UFJ国際投信	ニッセイアセットマネジメント	大和証券投資信託委託	三菱UFJ国際投信	アセットマネジメントOne
純資産総額（投資信託の大きさ）	337.13億円	14.80億円	112.60億円	290.95億円	269.65億円	29.37億円	96.72億円	22.77億円	194.98億円	6.33億円
信託報酬（数字は上限）	年率0.432%	年率0.017172%	年率0.1836%	年率0.11772%	年率0.216%	年率0.1836%	年率0.1836%	年率0.2376%	年率0.17172%	年率0.2376%
信託財産留保額	なし									
取扱販売会社	SBI証券、楽天証券、三菱UFJ銀行他	SBI証券、楽天証券他	SBI証券、楽天証券、みずほ銀行他	SBI証券、楽天証券他	SBI証券、楽天証券、みずほ銀行他	SBI証券、楽天証券他	SBI証券、楽天証券、ソニー銀行他	SBI証券、楽天証券他	SBI証券、楽天証券他	SBI証券、楽天証券、みずほ銀行他
つみたてNISA対象（販売会社による）	○	○	○	○	○				○	○

2019年1月15日現在

投資信託購入の手順　～SBI証券の場合～

①口座開設の完了

STEP 3で口座が開設できたら、いよいよデビュー！　今回もSBI証券でやってみます。トップページから「投信」のページを開き、そこから「銘柄検索」のページへ。

「投信」の
ページを開く

「銘柄検索・
取扱一覧」を
開く

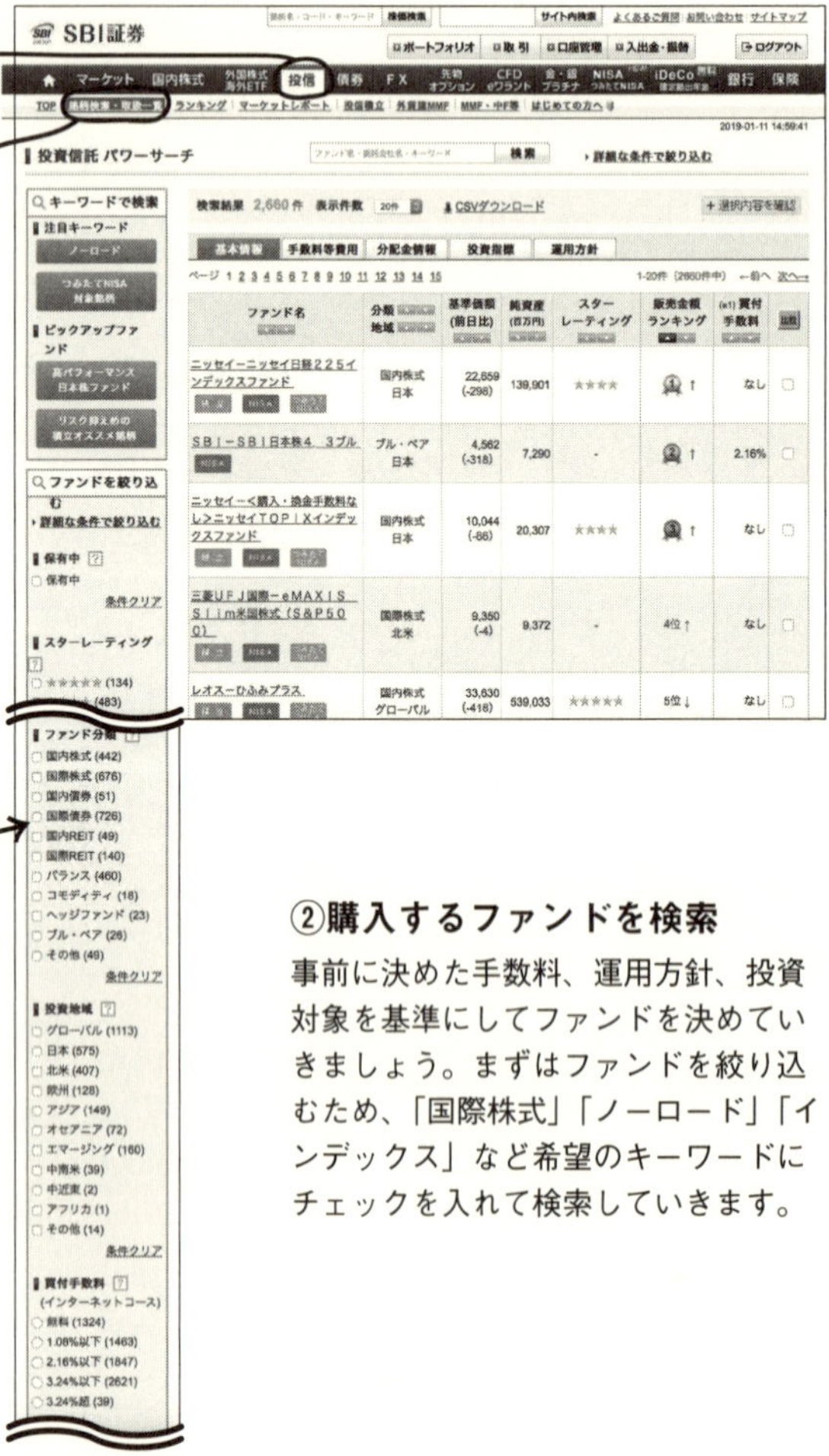

検索キーワードに
チェックを
入れていきます

②購入するファンドを検索

事前に決めた手数料、運用方針、投資対象を基準にしてファンドを決めていきましょう。まずはファンドを絞り込むため、「国際株式」「ノーロード」「インデックス」など希望のキーワードにチェックを入れて検索していきます。

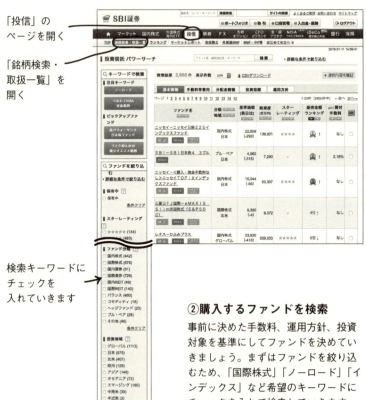

③詳しい内容をカクニン

絞り込んだ中から、気になるファンド名をクリック。手数料や運用実績など、詳しい内容を見ていきます。

④選んだファンドを購入！

希望に合うファンドが見つかったら、金額買付、口数買付、積み立て買付、つみたてNISA買付などから買い方を選んで購入画面へ。目論見書と呼ばれるファンドの詳細が出てくるので、内容・手数料などを再度確認して購入します。一般NISAを買う場合は、購入金額など必要事項を入力するときに、「NISA預り」にチェックを。

⑤完了！

取引が完了したら、メールでお知らせが来ますので、サイトにログインし、「口座管理」から「電子交付書面」のページを開きます。すると今回の取引報告書が見られるので、内容に間違いがないか確認しましょう。取引報告書は郵送してもらうこともできます。

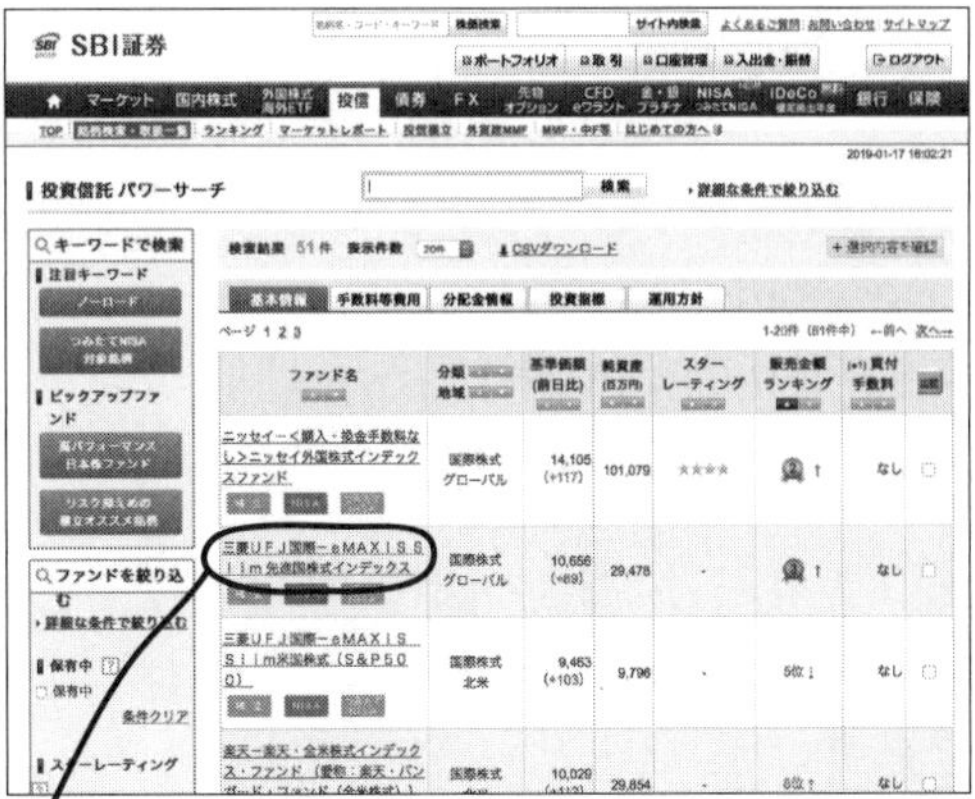

ファンド名をクリックして、
詳しい内容をカクニン！

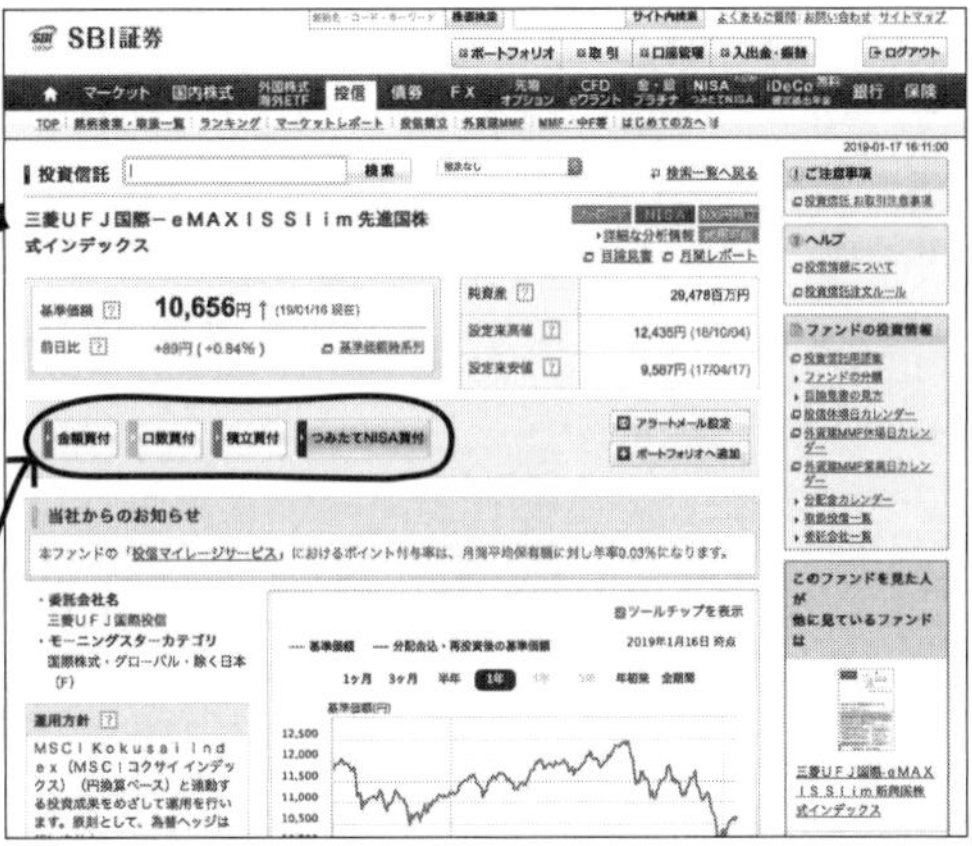

購入へ進む

STEP 5
資産を売る
利益を確定して、まるまるトクしよ☆

では、最後に投資の〝出口〟の考え方を確認しておきましょう。いつ売ればいいのかを決めるために知っておきたいことは、次の3つです。

一番のポイントは、「**N−SAは、利益が出ていないと税金のメリットを享受できない**」ということです。利益が非課税になる期間は、一般N−SAでは5年（最長10年）、つみたてN−SAでは20年と決まっているため、その間に利益が出ていてほしいのです。ただし、相場はミズモノ。**非課税期間の終了間際に資産がマイナスである可能性もあります。そのときは、利益に対して税金がかかる口座に切り替えて引き続き運用することができます。**非課税期間が終了しても、ゲームセットではないので安心してくださいね。

つぎに押さえておきたいのは「**投資は売却して初めて利益が確定する**」ということ。投資をしている間に**マイナスが出ていても、売却をしなければ損は確定しません。**日々の値動きに一喜一憂してしまう人もいますが、心配はナシにして、美容やおいしいモノを食べる時間に使いましょう。減ることもあるんだと、割り切っておくことが投資を続けるコツです。

そのために、**相場が下落してしまったときはどうするのかを、あらかじめ決めておくこと**も大切。一括で買っているなら「〇％下落したら損しても売る」、積み立てなら「安く買えるのでコツコツ買い続ける」など、ルールを決めておくとよいでしょう。手放したくなることもありますが、ルールが決めてあれば悩まずにすみます。

最後は、**「非課税期間に売却をする」**ということです。NISAの特徴は、非課税の期間が決まっていることなので、一般NISA・つみたてNISAに応じた売却の予定を考えておきたいところ。

一般NISAは非課税期間が5年なので、投資を始めた段階でどの程度の利益を目指すのかを決めておきましょう。

つみたてNISAは、お金が必要にならない限り、持ち続けておく。必要になれば、売

却することを考えましょう。「投資金額よりも、20％増えていたら売却しよう」など、最終的にどの程度の利益が出ていればいいのか、自分でゴールを決めておきます。**投資を始めて15年が過ぎたら売却のタイミングを意識して。**

自分の目標に到達したら、購入と同じようにインターネット上で売却ができます。売却するときには「一括で全て売るのか（全部解約）」、「一部だけ売るのか（一部解約）」の選択をしましょう。一度売却したら、元には戻せないので気をつけてくださいね。

投資を始めると、投資は単なるお金を増やす手段だと思っていた人も、それだけではないと気づいて意識が変わってくるはず。将来に不安を感じていた人も、お金の知識が身についていくことで「なんとか自分でやっていこう！」と捉えられるようになるかもしれません。投資で得た知識が、仕事につながり、仕事でも相乗効果が生まれることだってあります。

さぁ、投資の世界にいらっしゃい♡

番外編

iDeCoとNISAでさらにトクする

おトクな制度の合わせ技には気をつけて

ふるさと納税、iDeCo、NISAは、それぞれ単独でも利用することができますし、併用することだってできます。ただし、併用する場合、それぞれのメリットを最大限に生かすことができないケースもあります。でも、**NISAはどの制度と組み合わせても、メリットを享受することができるオールマイティーな制度です。**

残りの2つ、ふるさと納税、iDeCoの組み合わせには注意が必要です。それぞれのパターンを確認しておきましょう！

ふるさと納税×iDeCo

iDeCoは、掛け金が全額所得控除になることがメリットです。すなわち、課税所得が減ることでメリットが出てきます。課税所得が減ると翌年の住民税も減るため、ふるさと納税の上限額に影響が出てくる可能性があります。

iDeCoを利用していない想定で上限を計算してふるさと納税をしてしまうと、自己負担が2000円以上になってしまうことも考えられます。

そのため、ふるさと納税のシミュレーションをするときに、iDeCoの掛け金を入力するのを忘れないようにしましょう。

iDeCo×NISA

iDeCoとNISAを組み合わせることによって、最強のタッグを組むことができます。

掛け金が全額所得控除の対象であるというiDeCoのメリットは、所得税の還付と住民税の減額によってもたらされるものです。iDeCoでトクした金額は「気がつかないあいだに戻ってきて、気がついたら使ってしまっていた!」ということもあるので注意が必要。「iDeCoで戻ってきたお金に相当する金額は別の口座で貯金をする」など、あらかじめルールをつくっておきましょう。

私のオススメは、ｉＤｅＣｏで戻ってきたお金を、さらにＮＩＳＡの投資にまわすことです。ＮＩＳＡは利益に対しての税金が非課税です。

思い出してもらいたいのですが、ｉＤｅＣｏで戻ってきたお金は、制度を利用することがなければ手に入ることがなかったお金ですよね。そう考えると、ｉＤｅＣｏでトクした分で投資をすることは、自分の元々あったお金を持ち出ししないで、投資をしていることになります。

そう考えると、ちょっと気が楽になりませんか？　いつもよりリスクをとってもいいかも……」と考える人も出てくるかもしれません。

効率的に投資をすることができ、経験値も上がっていきますよ。

私には何が向いているの？

ふるさと納税、ｉＤｅＣｏ、ＮＩＳＡ……「で、結局何が私に向いてるの？」と疑問に思う人もいますよね。

これからお伝えする3つの選択法から、自分の気分に合うものを選んでみてください！

1 自分の現実から選ぶ

「忙しい」「むずかしい」「勉強したくない」など、人それぞれ、状況や性格はいろいろです。自分の抱える現実にはどんな方法が合っているのかを考えてみて。

勉強なしで返礼品をもらってトクしたい人は、ふるさと納税。ゼ――――ッタイにお金を減らしたくない人は、iDeCoを使って運用先は定期預金、所得控除のメリットを受けてみる。投資はしたいけど忙しいからスキマ時間で長く続けたい人はカンタンステップで投資が始められるつみたてNISAや一般NISAを。自分が解決したい課題から選んでみましょう。

2 ワクワクするものを選ぶ

課題に合わせるという現実的な方法もありますが、ワクワクから選ぶ「感情お任せコース」はいかがでしょうか。

どの制度もそれぞれのメリットがあり、私はどれもイイ!って思っています。だから、まずは自分が「これよさそうだな〜」と、ワクワクするものを選んでください。

お金の知識とか制度って、そんなに身構えて考えることではないんですよね。化粧品とかと同じように、もっとフランクに選んでもいいと思っています。

たとえば、投資の制度を化粧品として考えてみると、私の頭の中はこのように変換されます。

「iDeCoは年金用の運用だから、アンチエイジングだな」とか、「NISAでは運用を楽しめるから、気分によって変えられるアイメイクに似ているな」とか。

お金のことは、複雑に考えすぎなければそこまでむずかしいわけではない。だから、知れば知るほど、化粧品を選ぶように無理なくつき合うことができます。楽しく選んだほうが、やる気も出てくる! 〝楽しんだもの勝ち〟なのです。

3 目的によって選ぶ

とはいっても、イメージがわかないなっていう人は、目的によって選んでみましょう。

たとえば、ふるさと納税なら「お金の制度に慣れたい」という人向き、年金として使えるiDeCoは将来の自分のために準備しておきたい人向き、NISAはいつでも解約できるのがメリットなので自由度が高い投資がしたい人向きです。

欲張りな人は、合わせ技をするときの落とし穴に気をつけながら、すべてにチャレンジしてもOKです！

積立預金も組み合わせる

ふるさと納税、iDeCo、NISAは、私たちの強い味方なのですが、お金の世界の最強助っ人を組み合わせれば完璧です。その最強助っ人は、〝自動積立定期預金〟です。ある程度手元に現金がなければ、旅行に行ったり、欲しい物を買ったり、今を楽しむことができません。お金があれば、緊急時にも対応できます。なので、預金での貯金はマスト☆

それも、**普通預金ではなく自動積立定期預金が、一番。一度契約すると、自分が指定した日に指定した金額を自動的に普通預金口座から引き落とし、別の口座に移動させられて**

便利です。
さらに、旅行や自己投資などまとまったお金が定期的に必要になる人は、目的別に積み立てをするとほかの貯金を崩さなくてもいいので、「お金使っちゃった……」という後悔とさよならできます。

120%活用するためのマネープラン

全部を制度の上限まで使えるといいのですが、バランスを取りながら始めて。上手に組み合わせて、活用しちゃいましょう！

現代における女性の生き方はさまざまです。結婚・子育て・独立……。キャリアアップもしたければ、自分の時間を大切にしたい人もいる。いろいろあっていいと思います。その人生イロイロ☆につきあってくれるのが、今までお話ししてきた制度たちなんです。

ここからは、ライフスタイル別マネープランを見ていきましょう!!

あなたのマネープランは？

プライベート重視派なら

会社員
手取り月収：20 万円
実家暮らし
趣味：旅行

まずは、iDeCo でしっかり土台づくり。積立預金も確保。実家暮らしだから、貯金も遊びも欲ばりに。趣味の旅行代は、目的別貯金で☆

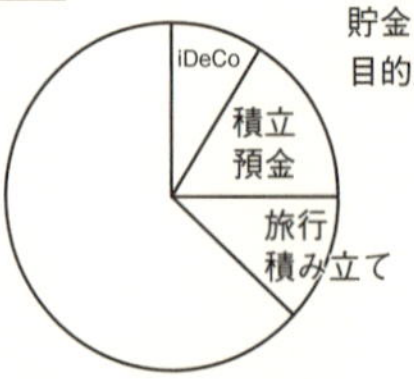

＋
iDeCo の節税効果
20年間　820,000 円

	毎月の金額	年間の金額	10 年後	20 年後
iDeCo	23,000 円	276,000 円	2,760,000 円	5,520,000 円
積立預金	40,000 円	480,000 円	4,800,000 円	9,600,000 円
旅行積み立て	30,000 円	360,000 円		

＊年収 300万円仮定　年収の 80％手取り
＊金利なしで計算
＊iDeCo は定期預金、加入時や
　毎月の手数料は含まず計算

心おきなく
旅行に使おう♡

おシゴトがんばる派なら

会社員
手取り月収：30 万円
ひとり暮らし
趣味：仕事

iDeCo で老後資金を作り、スクールに通うなど自己投資でさらに年収 UP 目指す！

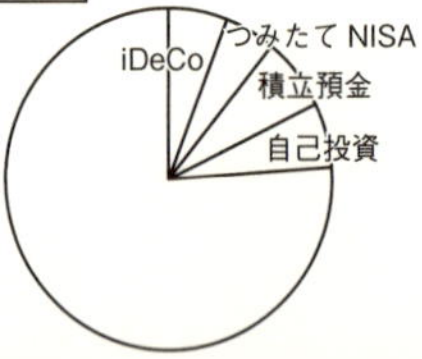

＋
iDeCo の節税効果
20年間　1,100,000 円

	毎月の金額	年間の金額	10 年後	20 年後
iDeCo	23,000 円	276,000 円	2,760,000 円	5,520,000 円
つみたて NISA	20,000 円	240,000 円	2,650,000 円	5,890,000 円
積立預金	30,000 円	360,000 円	3,600,000 円	7,200,000 円
自己投資予算	20,000 円	240,000 円		

＊年収 500 万円仮定　年収の 80％手取り
＊つみたて NISA 2％利回りで計算　1 万円以下切り捨て
＊金利なしで計算

自己投資して
スキル up

買い物もしたい！　でもお金も貯めたい！　派なら

フリーランス
手取り月収：27 万円ぐらい
実家暮らし
趣味：デパコス探し！

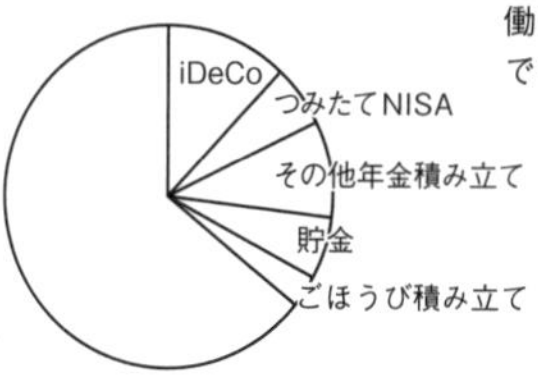

働いている分、自分で使いたい！
でも年金も準備したい。

＋
iDeCo の節税効果
20年間　1,920,000 円

	毎月の金額	年間の金額	10 年後	20 年後
iDeCo	40,000 円	480,000 円	4,800,000 円	9,600,000 円
つみたて NISA	20,000 円	240,000 円	2,650,000 円	5,890,000 円
その他年金積み立て	30,000 円	360,000 円	3,600,000 円	7,200,000 円
積立預金	20,000 円	240,000 円	2,400,000 円	4,800,000 円
ごほうび積み立て	10,000 円	120,000 円		

＊課税所得 330 万円仮定
＊つみたて NISA２％利回りで計算　１万円以下切り捨て
＊金利なしで計算

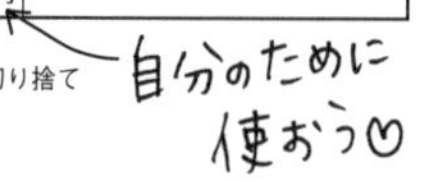

夫婦でしっかり稼ぐ派なら

会社員
夫婦手取り月収：50 万円
（うち妻 20 万円）
趣味：料理（食べることも）

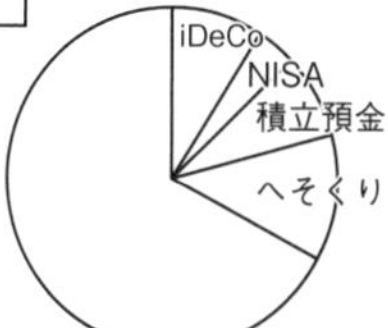

旦那さんも iDeCo をすれば
ダブル節税効果あり！　旦那
さんに内緒の貯金はご愛嬌。

＋
iDeCo の節税効果
20 年間　820,000 円

	毎月の金額	年間の金額	10 年後	20 年後
iDeCo	23,000 円	276,000 円	2,760,000 円	5,520,000 円
つみたて NISA	10,000 円	120,000 円	1,320,000 円	2,940,000 円
積立預金	20,000 円	240,000 円	2,400,000 円	4,800,000 円
へそくり積み立て	30,000 円	360,000 円	3,600,000 円	7,200,000 円

＊年収 300 万円仮定　年収の 80％手取り
＊つみたて NISA２％利回りで計算　１万円以下切り捨て
＊金利なしで計算

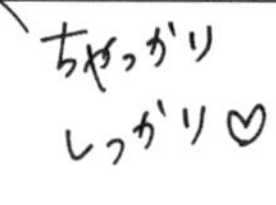

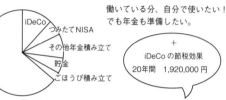

第4章

ちょっとしたことの積み重ねが、
大きな差に

毎日、お金が増えちゃう女に変わる！

国の制度も民間のサービスも使えるものは全部使わなきゃ損！

実は、「ふるさと納税」「iDeCo」「NISA」以外にも、まだまだ知ってトクする制度や、日常生活の中でお金が増やせるテクニックがたくさんあります。

金融って漢字だらけの用語が多いからむずかしく感じたり、「よっこらしょ」と重い腰を上げないとできないイメージがあるかもしれません。確かに、聞き慣れない言葉はよく出てきますし、いろいろな手続きが必要なこともホントの話。ただ、そこを構えずサラッとこなすだけで、トクする私に変われるんです！

24時間365日ずーっとおトク女子になる！

税金と社会保障でまだまだトクしよ！

まずは、税金と社会保障にまつわる、人生に役立つ制度を紹介します！

「税金」「社会保障」と漢字が並ぶと、ゲゲゲと一歩引いてしまうかもしれませんが、それでも知っておくといい制度が、わんさかあります。

お高め歯医者代も不妊治療も医療費控除できる！

「病院代　10万超えは　イタすぎる（アラサー心の俳句）」

いつも健康でいられたらいいのですが、病気などで医療費がかさばる年、ありますよね……。

「医療費の出費が続いたな〜」と感じた年は、〝医療費控除〟が利用できます。

医療費控除とは、税金の制度です。**1年間の医療費として支払った総額が10万円を超えた場合、確定申告をすれば、税金が戻ってきます。**

条件はこの2つ。

・1月1日〜12月31日の1年間

・家族全員分の医療費を合計して10万円以上になれば対象

生命保険金など医療費として受け取ったお金があれば、その金額を差し引いて、実際に支払った金額が10万円以上であることが条件となります（P170の表を参照）。この制度は会社に提出する年末調整では利用できないので、確定申告が必要です。そうすると、所得税の還付と、住民税の減額を受けることができます。

たとえば、所得税率が10％の人が、1年間の医療費に15万円かかった場合だと、所得税と住民税合わせて1万円が還付されます。同じ医療費がかかったとしても、所得税率が高くなるほど、還付される金額は多くなります。

医療費控除の対象になる治療には、健康保険の対象外でも利用できるものがあるんです。**たとえば、歯の治療費。健康保険適用外の、セラミックなど高価な材料を使ったちょっといい治療や、インプラントも対象**です。歯は、長生きのためにも必要なツールなので、ちょっといい治療をすると、まとまったお金が必要になりますよね。また、**レーシックや、不妊治療の体外受精なども対象**です。

1年間の治療費を合計すると、思わぬ出費になっていることもあります。確定申告は5年前までさかのぼって還付を受けることもできますので、これからは病院の領収書は捨てずに保管しておいてくださいね。

お薬が手離せない女子はセルフメディケーション税制を活用

「会社のデスクの引き出しには、頭痛薬を常備しています☆」

そんな頑張るあなたは、セルフメディケーション税制の利用を考えてみて。

セルフメディケーション税制とは先ほど紹介した医療費控除の別バージョン（特例）で、「1月1日～12月31日の**1年間の薬代が1万2000円以上なら、総所得から控除される**」というもの（P170の表を参照）。医療費控除と同じく確定申告して、国税庁のホームページからダウンロードできる「セルフメディケーション税制の明細書」を添付すれば、所得税の還付、住民税の減額を受けることができます。たとえば、所得税率が10％の人で1年間の薬代が2万円なら、所得税・住民税合わせて1600円が還付されます。

ただし、これには3つの条件があります。

1つめは、先ほどの**医療費控除との併用ができない**ため、利用できるのはどちらか一方のみということです。医療費控除を利用しない年は、この〝セルフメディケーション税制〟を使うのがオススメです。

2つめは、**1年間に健康診断や人間ドックなどを受けていること**。会社で受けた健康診断もOKなので、これからは健康診断の結果は保管しておいてくださいね。

スイッチOTC医薬品の識別マーク

セルフメディケーション
税 控除対象

（識別マークがないものでも、対象となる場合もあります）

最後は、**「購入した薬が、〝スイッチOTC医薬品〟というドラッグストアやスーパーなどで取り扱っている薬であること」**です。残念ながら(?)、病院で処方される薬は対象外なんです。それでも、このスイッチOTC医薬品の対象は約1500品目あって、頭痛薬や湿布など幅広い医薬品が対象です。薬のパッケージに上のような識別マークがついてい

医療費控除とセルフメディケーション税制

	医療費控除	セルフメディケーション税制
対象の支払い	医師または歯科医師による診療費・治療費・治療に必要な薬代	スイッチOTC医薬品代
控除額	支出した医療費の額－保険金等の額－100,000円（＊） （＊総所得金額が200万円未満の場合は、総所得×5%）	支出した金額－12,000円 （上限88,000円）

たり、レシートに「これは対象の商品ですよ～」というマークがついていたりするので、それで見分けることができます。一緒に生活している家族の分も有効です。

頭痛や風邪の引き始めなど軽い症状であれば、忙しさを優先して病院に行くのをあきらめてしまうこともあったかもしれません。これからは、病院には行けなくても、スイッチOTC医薬品をササッと買ってくれれば、税控除。税金の制度を利用して、頑張る自分を甘やかしてあげてくださいね。

家を買う決断を後押し！　住宅ローン控除

「いつかは夢のマイホーム！　でもお金が心配……」という人もいると思いますが、家を購入するときに住宅ローンを利用すれば、税金が戻ってくる〝住宅ローン控除〟という税金の制度があります。

住宅ローン控除は、年末の住宅ローン残高に1％を掛けた金額が税金から控除されます（P172の表を参照）。住宅ローン控除の金額が所得税から還付され、所得税から引ききれなかった分は、住民税が減額されます。

たとえば、単純計算で考えてみると「年末の住宅ローン残高が毎年1000万円あれば、〝1000万円×1％＝10万円〟」の税金が戻ってきます。控除期間は最高10年間なので、10年間と仮定して合計すると100万円が戻ってくるイメージです。

初年度は確定申告が必要ですが、会社員など年末調整をしている人は、翌年から年末調整をすれば利用できます（毎年確定申告をしている人は、確定申告します）。

住宅ローン控除

居住期日	ローンの年末残高限度額		控除率	控除期間	住民税からの控除上限
	一般住宅	認定住宅（＊）			
平成26年４月～平成33年12月	4,000万円	5,000万円	１％	10年	13.65万円/年

（＊認定住宅とは、認定長期優良住宅、認定低炭素住宅など国が定めた基準を満たす物件）

この制度は、所得税と住民税の範囲内での還付（減額）ということと、住宅ローンは毎年返済が進んでいくので、還付額には個人差があります。実際に利用するときには、ネットのシミュレーションなどで確認してくださいね。

【住宅ローン、注意ポイント!!】

・住宅ローン控除×iDeCo

住宅ローン控除とiDeCoを併用すると、年収（正式には課税所得）が低い人は全部のメリットを受けきれない可能性があります。年収が高い人は、納めている税金も多いので引ききることができますが、年収が低くなると納める税金も少なくなる分、引くものがなくなってしまいます。

iDeCoと住宅ローン控除は、両方とも所得税や住民税に関してメリットがある制度ですが、細かな違いがあるんです。iDeCoは所得控除、住宅ローン控除は税額控除と呼ばれています。むずかしいことはパスしますが、どこに違いがあるかというと、iDeCoは税金の元になるものを減らしてくれて、住宅ローン控除は税金からダイレクトに引いてくれるものなのです。

仮に、住宅ローン控除で大きな税額控除があり税金が引けるなら、iDeCoの所得控除のメリットは薄くなってしまいます。

・住宅ローン控除×ふるさと納税

住宅ローン控除とふるさと納税の組み合わせは、住宅ローン控除とiDeCoと似たようなケースに該当します。ふるさと納税は所得控除です。住宅ローンによって納税額が少なくなると、ふるさと納税の最大控除できる金額が少なくなってしまいます。

ふるさと納税の場合は、ポータルサイトで控除額に影響がでるかを調べることができるので、住宅ローン控除と併用したいなと思っている人は、あらかじめチェックしておくと安心です！

仕事中のケガや病気なら労災保険が使えることも

仕事中にケガをして、病院に行ったら病院代を自己負担のままにしていること、ありませんか？

通勤途中や仕事中における病気やケガが原因で治療を受けたら、その費用は〝労災保険（労働者災害補償保険）〟という国の社会保障の制度が負担してくれます。

会社は、正社員やアルバイトなどすべての労働者に対して全額負担をして、労災の保険料を支払ってくれています。この制度のおかげで、通勤途中（寄り道は対象外です）や、仕事中に何か起こってしまい、病院で治療を受けた場合、その分の治療費を支払ってくれるのです。

利用するときには、本人・医師・事業主の証明が必要になります。また、請求には内容ごとに期限が決められているので、通勤途中や仕事中の病気やケガで労災の対象になりそうなら、会社の総務の担当者に相談してみましょう。

スキルUPに励む女子の味方！　教育訓練給付金

「30歳って、今の仕事をこのまま続けていいのか悩む時期なんですか？」

32歳で会社を辞めた私に、後輩が言った言葉です。

転職したり、働くペースを変えたり、スキルアップを目指したり。より幸せになるために、働き方について考えるようになったら活用したいのが、「教育訓練給付金」。雇用保険に加入している会社員などがスキルアップに利用できる制度です。**厚生労働大臣が指定している講座を修了すると、受講料を一部負担してくれます。**はじめは自分で費用を負担する必要がありますが、講座修了後にハローワークに必要書類を提出すればお金が戻ってきます。

この制度は2種類。「一般教育訓練給付金」と「専門実践教育訓練給付金」があります。**一般教育訓練給付金は、パソコン関連のスキルやフードコーディネーター養成など幅広い講座が対象**になっていて、受講料の20％相当額（上限は10万円）までが戻ってきます。

専門実践教育訓練給付金は、看護師や調理師、保育士などを目指すような、より専門的かつ実践的な講座を受講して修了したときに、受講料の50％相当（上限は年間40万円、給付期間は3年）がもらえて、就職につながれば、さ・ら・に！　プラス20％が受け取れるというものです。

実は私もこの制度を利用して、大学院の修士課程を修了しました。戻ってきたお金は卒業祝いとして、エルメスの時計の軍資金にした思い出があります。

お給料の明細を見ると、雇用保険は毎月お給料から引き落とされています。会社を辞めなくても、この制度を活用すれば、雇用保険の保険料が払いっぱなしになりません。

上手く活用して、自分への投資を始めてみてくださいね。

24時間365日おトクに生きる

ここからは、日常生活の中でお金にまつわる話を集めました。忙しい毎日でも、少しだけお金と向き合う時間をつくることができたら、お金に好かれる私になれます!!

金利も○なネット銀行に口座をもとう

貯金用の口座は、預ける場所を給与振り込みの口座と別にするのがオススメです。貯金用の口座は〝インターネット専業銀行（以下ネット銀行）〟を利用すると、効率的にお金を増やすことができます。

ネット銀行を利用するメリットは、ズバリ〝金利〟です。

ネット銀行は、店舗のある銀行と比較をして金利が高く設定されています。その差は、5倍（※）。つまり、預ける場所を変えるだけで、お金の増え方に差がつくのです。

※じぶん銀行0・05％とメガバンク0・01％との定期預金金利比較。

生まれてから、低金利しか経験したことのない私たちは、金利の偉大さを実感する機会はありません。**金利が高いとお金が増えるので、貯金には高いほうがいい**のです。その高い金利を実現しているのがネット銀行です。

ネットの銀行って、「あやしいんじゃないかな」とか「店舗がないから、不便じゃないの？」といった不安の声を聞くことがあります。でも、ネットの銀行も、店舗がある銀行と同様に預金保険制度の対象なので、破綻しても1000万円までは保護されていて安心なんです。

また、インターネットでいつでも取引できるので、忙しい人にとっては利便性が高い銀行です。口座開設の申し込みも、インターネット上で行うことができます。「まずは何かを始めてみたい」と考えている人は、「お金の預け先を変えること」を考えてみてくださいね。

ポイント投資でお金減らさず気軽に投資デビュー

身近に、気軽に、減らさずに、投資を始めたい人は、ポイントを利用した投資が始めやすいと思います。私たちの生活に浸透している〝ポイント制度〟。クレジットカードのポイントや、お買い物したときに貯まっていく賢いアレです。実は、その**ポイントを利用して投資ができるサービスがあるん**です。ポイント投資には、大きく2種類あります（P180の表を参照）。

・ポイントの価格が変動するもの

ポイントをそのまま〝投資する〟タイプ。ポイントが、株や投資信託などの値動きに連動するというものです。

・ポイントで株や投資信託を購入するもの

貯まったポイントで、株や投資信託を購入して運用するタイプです。株や投信といった金融商品を購入するので証券口座が必要になります。

ポイント投資の２つのタイプ

ポイント投資

ポイントで株や投信を購入する	ポイントが株や投信の動きに連動する
証券口座が必要	証券口座は不要
・楽天ポイント ・Tポイント(2019年4月〜予定)など	・dポイント ・楽天ポイントなど

〝投資〟って、まず始めてみるということが大切。自分事にしないと、経験値が上がらないんですよね。要するに、身銭を切るということなんですが、**このポイント投資は身銭を切らずに（自分のお金を減らさずに）貯まったポイントで始めることができて、投資の経験値をアップさせることができます。**最低１００ポイント相当からできるものがあるので、気楽に始めたいという人にはオススメです。

固定費をクレジットカード払いにするだけでおトク！

日々クレジットカードを利用するメリットは、なんといっても「ポイントが貯まること」ですよね。そのポイントで割引ができたり、マイルとして旅行ができたりと、現金での買い物よりもおトク度は高い。だから徹底的に固定費もクレジットカードで支払うように心がけましょう。**生命保険や医療保険の保険料、携帯代やプロバイダー料、新聞代、所得税などの国税関連もカードで支払えます。**また、住んでいる地域によっては、**ガス代や水道代、自動車税や固定資産税**もカード支払いの対象に。賃貸に住んでいる人は、**家賃の支払い**がカードに対応しているケースもあります。

仮に、これらの支払いが1年間で50万円とすると、1％のポイント還元率なら、5000円分のおトクです。50万円を洋服代やコスメ代として支払うとなると大変ですが、固定費をカード払いにするだけで、毎月自動的にポイントが貯まっていきます。また**固定費の支払いを1枚のカードにまとめるだけで、簡易的な家計簿になる**のがいいですね♡

電気・ガス代の見直しをして、自由化の恩恵を享受♡

毎日の生活でも、お金と上手につき合うことができます。「電力自由化」や「ガスの自由化」も、私たちの味方です！

以前は、電気やガスは、引っ越しした地域で自動的に契約先が決まるものでした。それが、アベノミクスの一環として「電気もガスも自由に契約してもいいよ」と選択制に変わりました。いわゆる、「電力・ガスの自由化」です。

地域ごとに契約できる会社は違いますが、今までよりも選択肢が増えたことで、**より自分に合ったプランを選べたり、光熱費が安くなったり、プラスアルファのサービスを受けることができたりします。**見直すほうがトクになることもあるのです。

新しい電力会社やガス会社への切り替えは、電気・ガスの比較サイト「エネチェンジ」などでシミュレーションができるので、自分にとって最適なプランを選択することもできます。また、会社を変更しても工事をする必要はないので、安心してくださいね。

驚くほど安くなる場合も！　スマホプランの見直し

生活にかかすことのできないスマホ。スマホの料金は、固定費の中でも大きな割合を占めています。もし、月に数千円でも見直すことができたら、嬉しいですよね。２０００円の見直しができたら、１年間で２万４０００円、５年間で12万円です。

見直し効果が高いことで注目を集めているのが、格安ＳＩＭや格安スマホ。スマホの見直しの鍵を握っているのが、「ＳＩＭカード」です。ＳＩＭカードとは、携帯電話を使うために必要な情報が入っているチップ。新しく携帯を買い替えたら、店員さんがチップのようなものを携帯に挿入しているのを見たことはありませんか？　あのチップがＳＩＭカードと呼ばれるものです。

自分が持っている携帯に月々の利用料金が安い〝格安ＳＩＭ〟を使ったり、安価なスマートフォン端末と格安ＳＩＭをセットにすることで、毎月の携帯料金を抑えることができます。

毎月の基本料金は、ドコモやａｕ、ソフトバンクなど大手通信会社と比較すると安くなりますが、会社によって料金設定はさまざまです。

今はＬＩＮＥで連絡を取り合っている人が多いので、困ることは少ないと思いますが、ドコモメールなどのキャリアメールが使えなくなるデメリットはあります。でも、月々の見直し効果が高いのは見逃せないですよね！

カンタン手間なし♪　箱に詰めて不用品を売る

日常生活の中のちょっとした工夫は、「お金を生み出すきっかけ」になります。たとえば、断捨離。「断捨離したいけど、モノを捨てるのはもったいない」と感じている人は、不用品をリサイクルすることで、捨てる罪悪感から解放され、お金をゲットすることができます。フリーマーケットに参加してもいいですし、ネットでもカンタンに売ることができます。洋服、本、家電など、幅広いものが売れるので断捨離にピッタリ。

フリーマーケットやフリマアプリで、１点１点売る方が全体の単価は上がりますが、１

点ずつ売っている時間も、マメさも持ち合わせていないなら、「段ボールに詰めて送るだけ」というラクチンな売却方法があります。

会社によっては集配サービスもあるので、自宅にいながらカンタンに売却することができます。**箱に詰めて送るだけの方法は、個別に値段をつける方法よりも単価は下がりますが、手間をかけずにお金にできるのが魅力**です。たとえば買取王子、ファッションならブランディアやZOZOTOWN買取サービスなど、詰めて送ると査定をしてくれ、金額に同意したら買い取ってくれるサービスがあります。

生活用の動産には税金がかからないので、売却した額をまるまる受け取ることができます。

特技を売ることで、ちょっとした収入と喜びを♡

これができると百人力だなと思うのが、〝特技を売ること〟。**特技までいかなくても自分の好きなことで、「ちょっとした収入を得ること」が目標です。**

たとえば、絵が得意な人はLINEスタンプ、文章が得意ならブログサービスのnot

eで、写真ならSnapmartで簡単に販売。ブログや、動画ならYouTubeを始めるのもいいですよね。買い物が好きなら楽天のROOMというサービスに口コミを書いていく方法なんかもあります。モノづくりが好きなら、フリーマーケットを活用したり、minneを利用すればネット上で販売することもできます。

私は、絵が得意なわけではありませんが、自分がどうしても使いたいLINEスタンプを作って、販売しました。2年前につくって、毎月100円ほどコンスタントな収入が続いています。また、Twitterで自分のオススメの商品をつぶやいてリンクを貼り、アフィリエイトで収入を得ている友達もいます。

過去の積み重ねが収入に結びついていることも嬉しいですし、何もしていないのに、毎月お金が入ってくるのはいい仕組みだなと実感しています。たとえば、今の時代は、銀行に100万円を一年間定期預金に預けても、税引き後の利息は80円にしかなりません。1000万円でも800円です。私のケースなら、LINEスタンプが定期預金1000万円以上の効果を発揮してくれているんです。無理をしないで〝今の自分〟でできること、始めてみましょう。

心のクセを知ると、ちゃんとトクする自分になれる

さて、ここまでやればお金についての不安もずいぶんと解消されているのではないでしょうか。最後は、心。実は、心のクセを知っていれば、よりお金と仲良くすることができます。

損失回避　人はトクより損を恐れる生き物なんです

私たちがお金に対して「損したくない」と思うのは当然で、行動経済学という学問の世界で証明されています。それが、「損失回避」という考え方です。ノーベル経済学賞を受賞した、カーネマン教授が唱えた意思決定に関する話です。

私たち人間は「得して喜ぶ気持ちよりも、損して悲しい気持ちのほうをより大きく感じる」、その心理を損失回避といいます。

つまり、もらった1万円の喜びよりも、落としたりして失った1万円の悲しみのほうが

大きく感じているのです。だから、「損」に対して敏感になるのは当然のこと。そう考えると、**「損したくないな〜」という気持ちに出会ったら、「これは心のクセなんだ」と一度立ち止まってみる**ことで、冷静な判断ができるようになると思いませんか？

「本当は、やりたい」と思っているけれど、損するのがこわくて心がブレーキをかけているのか、それとも損得は関係なく「本当に自分には向いていない」と思って判断しているのか。自分の判断が合理的になっていくと、「損しない私」に近づくことができますよ。

認知バイアス　その不安、ただの思い込みかもしれません

私たちは、過去の意思判断とか、思い込みなどの影響を受けることがしばしばあります。それが「認知バイアス」です。バイアスとは、偏見とか偏りなどを意味する言葉。

投資に対して「こわい」という気持ちを抱いているとしたら、これも過去の影響を受けている可能性があります。リーマンショックなど株価が大きく下がったり、投資で損をしている人の話を聞いたりして、投資は「こわい」、そう思い込んでいるのかもしれません。

生まれてこのかた低金利しか経験していないから、お金を増やす方法を知らないから

「私にはできない」、そう思っているなら、お金に関していろいろな認知バイアスの影響を受けている可能性、あります。

そんな思い込みは、いりません!! 「今」を見て、冷静な意思決定、自分にとって最善の判断を行っていく。偏りにまどわされない。それが未来を切り開いていく秘訣です。

心の会計　適切な支出なのか、浪費なのかは心が決めてる

「心の会計」を利用すれば、楽々とお金を貯めたり、楽々と資産運用を始めたりできます。心の会計とは「**私たちは心の中でお金にラベルを貼っていて、無意識にお金を仕分けている**」というものです。たとえば、普通預金の中に生活費と貯金を入れているとつい使ってしまうけれど、貯金を定期預金に移しただけで、取り崩しにくくなった、というように、心の中でお金にラベルをつけていること、ありませんか。

このように**お金に「用途」のラベルを貼って、**心の会計という考え方を上手く利用すれば、カンタンにお金が貯まりやすい体質になります。

それを利用しているのが、「先取り貯蓄」。お給料が入ったら、すぐに積立定期に移動さ

せる貯金の方法です。お給料が入った時点で別口座に移動しているので、それは心のラベルでは「貯金」に分類されています。だから、引き出しづらくなってお金が貯まる。応用編として、つみたてNISAも自動的に「投資」というラベルを貼れます。

また、この考え方を利用して、お金を使うときに罪悪感を抱かなくする方法もあります。それが、「ごほうび貯金」。貯めるだけではなく、ごほうびのためにもお金を使いたいですよね。ごほうびって、買った瞬間は気分が高揚していていいのですが、家に帰って両手いっぱいの紙袋を見たときに「こんなにお金使っちゃった……」と罪悪感を抱いてしまう人もいるのではないでしょうか？　でも、どうしても疲れて何かを買いたいときもありますよね。ストレス発散の根本的な解決にはなっていないと思いますが（笑）、その気持ちはわかります。

それだったら、**心の会計を利用して、はじめから「ごほうび」として使ってもいいお金を毎月1万円でも貯めておく**のです。「ごほうび」のラベリングがされているお金があれば、罪悪感なしにお金を使うことができると思いませんか？　しかも、このお金は毎月貯めているから上限が決まっているので、使いすぎてしまうということもありません。

おわりに

最後までお読みいただきまして、本当にありがとうございました。

この本を読んで「私にもできそう!!」と思って、行動にうつしてくれたら、これ以上嬉しいことはありません。まずは、なにかできることから始めて、それを続けてみてください。そうすれば、本書の値段以上の元を取ることもできます。

最後になりましたが、講談社の藤枝さま、松﨑さま、アップルシード・エージェンシーの鬼塚さま、宮原さま、この本の制作に携わってくださったみなさま、心よりありがとうございました。そして、いつも支えてくれる家族に感謝します。

あなたのお金の不安が解消されますように。

2019年2月

荒木千秋

荒木千秋
Chiaki Araki

荒木FP事務所代表。ファイナンシャルプランナー。大阪電気通信大学金融経済学部資産運用学科特任講師。1983年生まれ。三井住友銀行、三菱東京UFJ銀行（現三菱UFJ銀行）に勤務し、個人の富裕層や法人オーナーが対象の投資相談業務に従事。が、同年代の働く女性たちと話す中で、これからの女性が人生を楽しむためには「投資」との付き合い方を変えなければならないと確信し、ファイナンシャルプランナーとして独立。同年代の女性を主な対象としたお金に関する個別相談や、web媒体での執筆、セミナーの開催など、幅広く活動している。
ホームページ　https://araki-fp.com/
著者エージェント／アップルシード・エージェンシー

装丁／村沢尚美（NAOMI DESIGN AGENCY）
本文デザイン／朝日メディアインターナショナル株式会社
イラスト／二階堂ちはる（カバー、P17、P63、P113、P165）
その他イラスト／荒木千秋

講談社の実用BOOK

「不安《ふあん》なのにな～んにもしてない」女子《じょし》のお金入門《かねにゅうもん》

2019年3月13日　第1刷発行

著　者――――――荒木千秋《あらきちあき》

発行者――――――渡瀬昌彦
発行所――――――株式会社　講談社
〒112-8001　東京都文京区音羽2-12-21
編集　☎03-5395-3529
販売　☎03-5395-4415
業務　☎03-5395-3615
印刷所――――――株式会社新藤慶昌堂
製本所――――――株式会社国宝社

ISBN978-4-06-515013-9